Hilda Catz
Compiladora y autora

Teoría y clínica en la obra de MARCELO VIÑAR

Prólogo: *Gerardo Caetano*
Epílogo: *Marta Labraga*

Max Hernández, Guillermo Carvajal, Hilda Catz
M. Susana Martínez Ferreira, Magdalena Filgueira
Mónica Santolalla, Elizabeth Chapuy, Fernando Orduz

Ricardo Vergara
Ediciones

Catz, Hilda
Teoría y clínica en la obra de Marcelo Viñar / Hilda Catz. - 1a ed. - Ciudad Autónoma de Buenos Aires : RV Ediciones, 2025.
140 p. ; 22 x 14 cm.
ISBN 978-987-8984-74-2
1. Clínica Psicoanalítica. 2. Psicoanálisis. I. Título.
CDD 150.195

Coordinación de Producción y Edición: Ricardo Vergara
Te: +54911-6-231-2760
E-mail: edicionesvergara@gmail.com
Facebook: Ricardo Vergara
Instagram: @ediciones.vergara
www.edicionesvergara.com.ar
Colegiales, Ciudad de Buenos Aires, Rep. Argentina

Compiladora: Hilda Catz
E-mail: hildacatz@icloud.com

Edición en papel
Queda hecho el depósito que marca la ley 11.723

Impreso en Argentina - Printed in Argentina
Octubre de 2025

Índice

Mientras aun le quede luz a la estrella
nada estará perdido. Nada
Paul Celan

Prólogo
La brújula de "Mborayú". Hacia el "enigma del origen y del destino".

Gerardo Caetano

Con mi hermano de la vida, Daniel Gil, nos hemos quedado más solos, como ocurre con tantos otros que comparten esta tristeza insondable que nos invade el alma desde que se murió Marcelo Viñar. Y en ese contexto tan difícil aunque anunciado, como otras veces, se vuelve a imponer aquel verso magnífico del poeta uruguayo Salvador Puig: "... las palabras no entienden lo que pasa..." Aquel grupo de cuatro que creamos hace décadas para poder compartir la vida en una hermandad especialísima, con el pretexto de intercambiar el debate de nuestros textos y de hurgar por los laberintos de los vínculos entre Historia y Psicoanálisis, luego de la muerte en 2009 del "alma" del equipo que era José Pedro Barrán, hoy acaba de perder a su "horcón", a quien siempre se las arreglaba para empujar más que el resto.

Prologar este libro de homenaje es a la vez un inmenso honor y un pesado compromiso. Lo sintetiza muy bien el registro de Susana Martínez quien recoge un fragmento central de un texto de Marcelo de 1995, dedicado a Madé y Willy Baranger, en momentos en que los pioneros del psicoanálisis por estas regiones "entregaban la posta" a sus continuadores: "No somos –decía por entonces Marcelo- ni una religión ni una ciencia. ¿Qué trasmitimos? ¿Qué y cómo se transmite? El enigma del origen y del destino, y una insaciable vocación de búsqueda de una respuesta que se atisba y se escabulle, para reanudar una y otra vez el enigma y la búsqueda." Han pasado treinta años y puedo imaginármelo: con la imponencia de su figura, el tronar de su voz inconfundible, su decir a todo riesgo, su carisma, su ternura.

Nos han unido a Marcelo demasiadas cosas y con seguridad este no es el mejor momento para reseñarlas, ni en el plano de los sentimientos ni en el de las ideas. En los últimos meses hemos padecido demasiado su caída y tal vez el único camino que quede para exorcizar el dolor sea recordar sus mejores afanes, sus entusiasmos, sus proyectos. Siempre supo ejercer el liderazgo, de un modo tan firme y certero que alguno podía sentirse avasallado. Sin embargo, el secreto de su persuasión era la de que sabía escuchar como nadie, aunque suene paradójico y hasta cómico, en relación con la sordera física casi imbatible que lo ganó hacia el final.

Entre sus asuntos pesaban más los valores arraigados en la realidad que los vaivenes de la doctrina. En su perspectiva, no solo en el análisis sino también en la vida, la clave fundamental era construir una y otra vez un puente entre las dimensiones de la intimidad y los desafíos de la realidad social. Pese a sus lecturas infinitas, nunca fue un "guardián de ortodoxias", ni siquiera en relación a aquellos maestros y colegas que más lo habían marcado en su oficio. Su modo de escribir era tan rebelde como su decir, lo que lo llevaba a hurgar tras las metáforas, los títulos esclarecedores, los territorios fascinantes de otras disciplinas, los recovecos de las teorías confrontadas. De cualquier modo, siempre andaba también por allí la práctica terapéutica, con ese respeto amoroso por sus principales "compañeros de andanzas", los pacientes. Ese afán de libertad lo llevó a construir una agenda muy amplia para sus iniciativas de investigación, en la que cabían "las fracturas de la memoria" y los desafíos de la "simbolización" (esa indagatoria renovada para "convocar la presencia de lo ausente"), las tensiones entre la modernidad y la posmodernidad y el mundo atribulado de los adolescentes, su curiosidad infinita por cómo afectarían los giros inciertos de este cambio de época en la sobrevivencia del psicoanálisis o en las formas de la subjetivación, entre otros muchos temas que lo desvelaban.

Entre sus virtudes estaba también la de saber contar. A poco que uno se dispone a recordar anécdotas y fragmentos de su vida emergen imágenes indelebles: sus nados de adolescente en el "paterno" río Uruguay frente a su Paysandú querido, leyendo cómodo flotando en una rueda de auto; la forma en que descubrió a Maren y a pesar de todos los pesares la supo acompañar hasta el final, incluso más allá de su propia muerte que, como temíamos, se lo llevó antes que a ella; el nacimiento de sus hijos y de sus nietos de quienes hablaba con indisimulable orgullo; las conversaciones intermi-nables a propósito de su miríada de amigos –de adentro y de afuera- sin cuya compañía constante no parecía siquiera posible imaginarlo; su labor de descubridor, de pionero y de "alcalde" de por vida en la ladera este de Punta Ballena, en ese pueblo informal que alguien nombró como "Villa Freud", nacido como un proyecto de vida colectiva; sus tribulaciones durante la represión y la dictadura, con la aventura de un exilio que primero lo llevó en un escape agónico a Buenos Aires y luego a través de la solidaridad de Serge Leclairle y otros colegas franceses al pasaje fundante por Francia; su gran crecimiento profesional que fue parejo con la profundización de sus compromisos con las causas progresistas y democráticas; el entrecruzamiento entre su oficio de psicoanalista y todas sus luchas, lo que marcó sus temas, desde la tortura hasta la intolerancia de las dictaduras, desde las injusticias sociales hasta la búsqueda de comprensión sobre los diferentes sujetos presentes en las nuevas generaciones, desde los padecimientos de sus pacientes hasta esas otras formas de locura que creía atisbar en este último cambio de época.

Era muy curioso y observador, muy abierto al enriquecimiento de la interdisciplina, muy responsable con sus alumnos y con sus interlocutores más jóvenes, a quienes quería entender de manera cabal, sin dobleces. También era muy amante de la naturaleza hasta el cultivo de una suerte de panteísmo del disfrute. Supo plantar a la distancia, con Daniel y Elsa como compañeros de brega, muchos de los árboles con los que luego se encontró en el momento del retorno al Uruguay, confirmando gozosamente el paisaje que había imaginado del otro lado del Atlántico. Supo luego enriquecer y completar ese bosque maravilloso en Punta Ballena, punto de encuentro obligado con tantos amigos, cuyo principal objetivo no podía ser otro que el de compartir. Ese fue el origen de "Mborayú", sin duda su lugar preferido en el mundo, nacido de sus apasionadas lecturas de Pierre Clastres sobre los ancestrales guayaquíes, una variante étnica ya extinguida de los tupí-guaraníes. Al conocer el lugar embellecido por los árboles imaginados primero y plantados después, puedo dar testimonio fiel de que mis hijos no pudieron sino definir ese lugar como un "paraíso".

Siguiendo a Clastres, en aquellas inolvidables noches con luna que tantas veces compartimos, Marcelo lo narraba así ante nuestra mirada perpleja y casi alucinada. Decía que desde su apuesta por la búsqueda incesante de la "Tierra sin Mal", que habría promovido "Ñamandú", "un dios que crea y que se crea por la expansión de la palabra y que (...) se despliega como el ala de un pájaro", aquellos indígenas americanos que había estudiado el antropólogo francés habían iniciado un viaje de miles de kilómetros tras un territorio que nombraban "Mborayú". Este término fue traducido por los sacerdotes misioneros como "amor al prójimo", pero en su versión más fidedigna significa "la fuente de aquello que estaba destinado a Unir". [1]

Por cierto que Marcelo era alguien muy laico, también muy poco disponible para el discurrir libre de mitologías y hasta para consideraciones de filosofía abstracta, desde un espíritu que apuntaba más a lo concreto. Su trato con los dolores más indecibles y con la maldad irreductible lo habían vuelto muy firme en sus convicciones realistas y hasta escépticas respecto a la condición humana. Sin embargo, entre sus entrañas y en su palabra siempre vivieron unas brasas que él sabía avivar como nadie y que nunca dejaron de arder. El que no haya encontrado mejor nombre que "Mborayú" para nombrar a la parcela de sus sueños es algo que sin duda nos habla de las fibras más íntimas de su alma. Y por cierto que es algo de lo que podemos dar testimonio, como tantos otros.

Como muy bien ha intentado Guillermo Carvajal, entre los que lo conocimos a menudo surge la tentación de escribirle una "carta a Marcelo Viñar". En ella lo abrumaríamos con nuestros agradecimientos, le diríamos cuánto lo extrañamos, buscaríamos sentir nuevamente en la piel la fuerza renovada de sus abrazos. Pero también, en forma inevitable, intentaríamos alcanzar la magia o el milagro del reencuentro. Es que como enseña este libro hecho por sus amigos y colegas, nos han quedado demasiados pendientes. En particular, el

[1] Agradezco este aporte a mi hermano Daniel Gil, como tantos otras cosas que hemos compartido en este último tiempo.

cómo hacemos para continuar forjando con él un futuro mejor.

Marcelo Viñar: Brecha, fractura, puente

Max Hernández

Entre las brumas que envuelven mi memoria persisten las imágenes de Marcelo, Maren y Saúl Peña. Lima a inicios de los sesenta. Marcelo hablando con pasión de una idea: formar una asociación latinoamericana de estudiantes de neuropsiquiatría destaca con nitidez parece desafiar el paso de los años y la neblina. Ya estaba presente la urgencia del compromiso con el pensamiento latinoamericano que mantendría toda su vida.

Entonces su patria era un modelo de democacia y de civismo. Fue así hasta ese año aciago de 1973. Las noticias del golpe de estado de Bordaberry llegaron a Londres a mitad del año y las del golpe de estado de Pinochet apenas un par de meses después. Eran los peores años del Plan Cóndor. Recuerdo la preocupación por nuestros colegas, algún comunicado, una gran manifestación en Trafalgar Square. Llegan rumores: Marcelo ha sido apresado y torturado. Pasado un tiempo se sabe con mayor precisión que él y Maren están en París. Un escape rocambolesco lo llevó -como a Gardel- a Buenos Aires y luego, gracias a Serge Leclaire, a Francia. Allí vivirían un exilio que imagino transcurría entre nostalgias otoñales, ausencias y asombros invernales, descubrimientos primaverales y algún entusiasmo veraniego. Más tarde que pronto, el exilio llegó su fin. Marcelo y Maren volvieron.

A su vuelta -como en el poema de Cavafis- encontraron un país pobre y triste, atravesado por las heridas y marcado por las cicatrices dejadas por lo vivido durante el terror que él llevaba inscritas en todo su ser. Siendo quien era Marcelo puso su recio intelecto, su compromiso con la patria latinoamericana, su inquebrantable vocación democrática y su lúcida pasión psicoanalítica en la urdimbre social e histórica para tejerlas con la trama de sus vivencias en las situaciones límites de la prisión, la tortura y el exilio de modo que hiciera posible su translaboración[2] y no sucumbieran ante los embates de la impunidad.

Las veces que nos vimos nunca me contó lo que vivió en los años de la dictadura y la represión. Siempre pensé que era un testimonio silencioso de su coraje e hidalguía. Recuerdo una visita que hicimos al monumento al Holocausto al borde del Río. Llegar a la brecha en la muralla dio paso a una ríada de emociones. Marcelo había vivido experiencias en el límite mismo de lo tolerable, "invivibles" por usar la expresión de Jorge Semprún al referirse a sus años en Buchenwald. La visita también trajo consigo -virtudes de la sinécdoque- referencias a *Brecha* y a *Fracturas de memoria*. De vuelta a su

---

2 El psiquiatra peruano Carlos Alberto Seguin propone esta traducción de Durcharbeitung

patria Marcelo había sentido la necesidad de enfrentar aquellos recuerdos que yacían sepultados en el enclave defensivo. Pienso que no buscaba tan solo integrar una vida fracturada por un trauma brutal, trataba de integrar los recuerdos de lo ocurrido en la conciencia histórica de su patria. Para ello tenía que desencriptar, exhumar, revivir vivencias invivibles, solo así le sería posible delinear con trazos paradójicos un espacio potencial en el que el olvido y no la amnesia pudiese tener lugar.

También recuerdo la vez que frente al monumento al *Entrevero* conversamos entreverando gestas emancipadoras, quilombos, remanentes coloniales, conatos libertarios, candombes, mestizajes, Garcilaso Inca, Artigas, la FEUU, José María Arguedas, los cuadros de Pedro Figari y las abstracciones de Torres García. Y ahora que escribo estas líneas recuerdo aquella vez en Punta Ballena, el universo arbóreo en el que reinaban Miriam y Marcelo. Un ambiente de libertad y sosiego. La calidez de la mesa familiar e incluso el mate -que, prefiero decirlo en inglés para suavizar la afrenta, no es my cup of tea- imantaron evocaciones y nostalgias, recuerdos de amigos y maestros, y también de esos sabores peruanos que evocaba con gusto…

Pero veo que me estoy yendo por las ramas, divagando entre anécdotas dispersas cuando lo que quería era concentrarme en asuntos de mayor calado. Empiezo por su cautela con nuestra teoría que, como solía decir, se haya en condición conjetural, sus advertencias ante la tentación de los "abusos retóricos" a que estamos expuestos, su insistencia en recordar que lo que llamamos realidad es apenas un fragmento minúsculo y fantasmático de lo que existe, de la amplitud de su visión y su profundo rechazo a los discursos simplificadores que pretenden someter la pluralidad y la diversidad a la violencia de una partición binaria.

En la estela de Willy y Madeleine Baranger nunca olvidó que la ambigüedad es propia del campo analítico. Con los recaudos que exigen la neutralidad y la abstinencia propuso maneras de asumirlas, especialmente en determinadas circunstancias, para evitar que se deslizen hacia la ajenidad y la prescindencia. Sabía que esto es especialmente pertinente en circunstancias en las que la vigencia de los valores democráticos y los derechos humanos esta en riesgo. Es entonces que es imprescindible analizar aquellas inscripciones no conscientes de lo que Bourdieu llamaba el *habitus*. Por lo tanto el encuadre -¿el *setting*?- debe ofrecer un espacio de reparación simbólica, de elaboración de lo vivido y de construcción de zonas de resiliencia. El analista debe situarse y permanecer en un litoral sin evasiones a la teoría pero atento a una teorización libre y flotante que posibilite al analizado entretejer la trama del relato íntimo con la melodía o la cacofonía de la historia. Historia en la que los miembros de la dupla analítica están necesariamente inmersos.

Para ello, sostenía Marcelo, resulta imprescindible buscar articular lo revelado en nuestra práctica clínica sobre los procesos y los productos de la causalidad fantasmática con aquello que las ciencias sociales han logrado conocer acerca de los procesos que dan lugar a la permanencia y cambio de las formaciones sociales.

A mi entender, el artículo "Alegato por la humanidad del enemigo" abre un espacio reflexivo de enorme pertinencia sobre asuntos de larga data que tienen, en palabras de Freud, un inquietante "hedor a actualidad" y un aporte de importancia capital para una mejor comprensión del temor al/lo diferente, la fobia al/lo extraño y la exclusión del/lo ajeno en las configuraciones defensivas movilizadas para calmar los desasosiegos identitarios. El título mismo, logradísima catáfora, indica un derrotero que elabora a partir de algunas ideas capitales que Freud resume y presenta de manera muy condensada en el artículo de 1925 sobre la negación. En los momentos más tempranos el infante humano acepta lo que siente como bueno y expulsa lo que siente como malo. Esta suerte de juicio de atribución ocurre antes de saber que eso bueno o malo tiene existencia fuera de sí mismo. Es decir antecede al juicio de existencia y es independiente de todo juicio de realidad.[3] A partir de esta premisa Marcelo inquiere en el despliegue del itinerario tanático que va de la imposibilidad de reconocer al otro a la xenofobia y a los crímenes contra la humanidad.

Su interés por la historia en su doble dimensión de *res gestae* y de *narratio rerum gestarum* que se refleja en el doble interés del analista por el aquí y ahora y por el

---

3 Roberto Yáñez Cortés ha trabajado este asunto in extenso.

après coup a la par que su lectura de los textos sobre temas sociales, antropológicos y culturales de la obra freudiana, a la luz de las reflexiones de Arendt, Benjamin, Bourdieu, Castells, Castoriadis o Geertz por citar algunos de su referentes reverbera en su aproximación tanto a la clínica como a los asuntos que atañen directamente a la política.

En su búsqueda de soluciones a la repetición incansable del enfrentamiento entre el amo y el siervo o más precisamente entre la consciencia del amo y la consciencia servil que sólo dan lugar a fórmulas de vasallaje Marcelo se preguntaba como alguna vez lo hiciera el Inca Garcilaso de la Vega en sus *Comentarios Reales de los Incas* si podía ser posible inventar lógicas de mestizaje cultural que al conjugar alteridades contribuyan a la superación del difícil trance histórico que nos ha tocado vivir.

Max Hernández

Secretario Ejecutivo del Acuerdo Nacional
del Perú.
Miembro fundador de la Sociedad Peruana de Psicoanálisis.
Ex vicepresidente de la Asociación Psicoanalítica Internacional.
Premio Internacional de Psicoanálisis Mary S. Sigourney.
Distinguido por el Estado Peruano con la Orden El Sol del Perú en el grado de Gran Oficial, con las Palmas Magisteriales en el grado de Amauta y por la Corona Española con la Orden de Isabel la Católica en el grado de Comendador.
También ha recibido y la Medalla al Mérito Extraordinario del Colegio Médico del Perú.
Autor de artículos sobre nuestra disciplina y de los libros
Memoria del bien perdido: conflicto, identidad y nostalgia en el inca Garcilaso.
¿Es otro el rostro del Perú?, En los márgenes de nuestra memoria histórica.

Carta a Marcelo Viñar

Guillermo Carvajal

Querido Marcelo:

Te escribo esta misiva con la certeza de que me vas a leer y entender. Te explico: ni estoy loco ni soy muy creyente, es simplemente que sigues vivo dentro de mí. Al fin y al cabo en nuestra disciplina, y más con los aportes del maestro Donald Winnicott, vivo es todo aquél objeto que permanece activo y presente en nuestra mente.

Hace ya un tiempo que no estás entre nosotros, aunque, insisto, sigues activo en el pensar de todos los que te recordamos. Y ahora estamos en plan de comunicarnos contigo a través de un libro. ¿Y quién si no la querida Hilda podría habernos convocado para esta tarea, con su entusiasmo que siempre contagia y alborota?

Quisiera comenzar con un recuerdo muy especial, que me asalta cada vez que escucho tu nombre. Fue el primer día que te vi en un Congreso de FEPAL, Federación de la que, casualmente, ambos hemos sido presidentes. Recuerdo que estabas recién llegado a las Américas proveniente de tu querida Francia, donde tuviste que refugiarte de la violenta y demoledora persecución política que te montó la militaridad de tu país a causa de tu ideología. No quiero hablar de lo que viviste antes de partir a esa tierra acogedora, pues me sobrecoge y lastima el fantasear en esos sucesos.

Pero volvamos a cuando apareces en el escenario al ofrecer una conferencia magistral, en Lima, si mal no recuerdo, y comienzas a impactarnos a nosotros, tus desconocidos amigos de ese gestante futuro. Siempre impresionabas; primero por tu tamaño que, para los menudos como yo, genera cierta temerosa reverencia. Pero luego por tu verbo altisonante y resuelto. Hablaste de psicoanálisis y Latinoamérica con ideas claras pero revulsivas. Y desde ahí dejaste ver que no comías entero en ningún campo; pues siempre te mostrabas crítico y agudamente cuestionador.

Ese día te abordaron con cierta timidez y dificultad – ya que estabas rodeado de muchos colegas que querían saludarte – un grupo de viejos conocidos y, sólo para llamar tu atención, otros más avezados. Yo simplemente escuché el diálogo a prudente distancia. Desde ese momento pude fijar tu forma de mirar de reojo, tu ceño fruncido, atento y respetuoso y tu casi carcajada al responder a ciertos temas que te parecían fuera de lugar, aunque dentro de un marco de respeto por el otro que siempre te ha caracterizado.

Luego vino ese proceso de volvernos a ver en ese "parece que fue ayer", que vivimos tantos analistas cada año que pasa o cada oportunidad remota que creamos, con el entusiasmo de simplemente haber volteado la esquina, sin tener en cuenta tiempos cronológicos absurdos que no cabalgan en la mente de lo amistoso. Siempre ahí conmigo, presente y activo, sin mediar interrupciones, en un presente alargado, con pequeños intervalos de escasos minutos que otros, no amorosos, llaman años.

Y ese transcurrir de presencia-ausencia fue consolidando nuestra amistad y, más aún, fue abriendo la puerta a una intimidad que nos acompañó buena parte de nuestras vidas. Siempre admiré tu universalidad del pensar, tu gran biblioteca mental, tu agnosticismo y tu necesidad casi compulsiva de saber el porqué de todo.

Aun cuando eras unos años mayor, siempre me sentí hermanado contigo cuando confesabas haber nacido, como yo, en plena Segunda Guerra Mundial y haber estudiado medicina para poder acceder a la mente humana. Los dos recorrimos por las mismas razones esos escenarios, llevando a nuestra escolaridad media y universitaria, nuestras mentes inquietas y muy cultivadas en la literatura y en lo estético en general, esperando pacientemente el momento para comenzar nuestra formación estricta en el arte de la escucha. Tu oído, más entrenado por la filosofía y la historia. El mío, por la música.

Además, nos cargaba también un ideario compartido a través del tema de la adolescencia. Los dos fuimos discretos de nuestros logros en este campo y lentamente fuimos compartiendo nuestro pensar sobre el asunto y pudimos ventilar sin ninguna tensión nuestras diferencias y puntos de vista opuestos. Yo un poco más desarrollista y tú más abiertamente circunstancial, liado con la influencia de la cultura. Denominaste mi postura un poco mecanicista y simplificadora, pues yo hablo de tres etapas regidas por lo genético en el desarrollo, claro que con la influencia secundaria de la cultura en su presentación.

Para ti, en cambio, la cultura lo hace todo o casi todo. No niegas el disparador biológico puberal, pero en un entramado con la cultura para explicar el cambio, más de fuera que de adentro. Tú en lugar de etapas, que consideras rígidamente biológicas, hablas de transformación en un juego dialéctico, casi creativo. Le quitas el valor a las etapas para referirte a un tiempo de transformación, lo cual para mi gusto es un concepto más ambiguo y caótico.

Estamos de acuerdo, eso sí, en no patologizar este proceso de cambio, aun cuando, confieso, eres más liberal que yo y de pronto cierras más los ojos ante el punto límite.

En lo que también coincidimos es en que, en la actualidad, la adolescencia ha cambiado un tanto en cuanto a su extensión, dadas nuevas reglas de juego familiares y ambientales que influyen en su permanencia. Yo insisto aquí en la importancia de las leyes antimaltrato e inclusión, que han permitido la aparición de las múltiples identidades y una mayor horizontalización de la mente adolescencial, que ya no conoce la palabra obedecer ni acepta ninguna maniobra de sometimiento desde el exterior. Sólo se pliega al juego interpares que a veces es más violentador que la represión parental o social.

Diferimos en su cronología, pues tú sitúas la adolescencia entre los doce y dieciséis años, dando un énfasis un tanto distinto y un poco más tardío a la temprana incursión preadolescencial, que para mí es el pródromo del cambio y que comienza hacia los nueve o diez años. Pones además su límite de terminación a una edad muy temprana, sin contemplar el fenómeno adolescencial juvenil clásico, tan definitivo para preparar a la adultez. La causa es que te sitúas con razón en la nueva adolescencia y no en el fenómeno formal que observábamos en los tiempos ya pasados de nuestra investigación madre sobre el tema. Más que grandes diferencias conceptuales, lo que veo son diferencias temporales de las dos miradas. Así visto, sí es cierto que hoy por hoy, la fuerza de lo cultural es más arrolladora que la carga de lo genético biológico.

En lo que sí estamos completamente de acuerdo es en el formidable cambio socio cultural, que yo llamo abiertamente posmoderno, que ha generado una dinámica distinta con el mandato patriarcal, y la autoridad social y estatal. Se acabó lo que llamas controversia entre grupos diferentes, ya que el adolescente se maneja con otro modelo de pensamiento, dada la nueva estructura cultural que ha generado un lenguaje y una visión del mundo diferente. Ante todo en los aspectos moral y ético, que hacen casi imposible un mínimo de lenguaje común entre la cultura de la modernidad, patriarcal clásica y creyente por antonomasia, y la posmodernidad, demoledora de los principios modernos y sus ismos.

Cambiando un poco de tema, te quiero comentar que me impresionó mucho la maravillosa entrevista que te hizo nuestro buen amigo Moisés Lemlij, en la que aparecieron "en voz alta" aspectos tuyos que nunca habíamos comentado, aun cuando hemos sido tan cercanos, ya que siempre te ha caracterizado la discreción sobre tus propias e íntimas cosas. Por ejemplo, la brutal motivación de tu exilio y tus vicisitudes como extranjero muestran tu garra y tu carácter acerado e inquebrantable. Esa lucha contra el chauvinismo francés del cual te salvó el no casarte con nada y tu sensación, como tú expresas con fino humor, de estar de paso en una prolongada beca auspiciada por la dictadura militar uruguaya. Pero también, inevitablemente a tu regreso a Montevideo, se dieron todas esas vicisitudes del que ya perdió su lugar y tiene que ganárselo de nuevo frente a la posible hostilidad de parte del grupo receptor. En esa entrevista qué atrevido fue Moisés y qué valiente tú. Chapeau, querido Marcelo.

En este esfuerzo expresivo que hiciste queda clara tu postura, que tantas veces te he oído y hemos comentado, de libertad de pensamiento, de adherencia férrea al análisis como experiencia vital. Todo lo que acabo de nombrar te lleva a repudiar la pasión por los ismos, por el apego dependiente a los idearios, los que hacen poner en segundo plano lo único esencial del análisis que es la espontánea, genuina y libre relación con el inconsciente del analizando. La necesidad terapéutica de que él lo conozca y así pueda comenzar a ser libre de verdad, sin idealizaciones ni excesos narcisísticos. Siempre evitando, como yo también lo hago, las dependencias innecesarias de nuestros analizandos ya que cuando más rápido logren su libertad de sí mismos, será mejor para todos. Todo eso fue en tu caso alimentado y procesado en esa dura experiencia que tuviste de comunidad terapéutica en la Francia que te asiló en Chesnaie.

Otra cosa es que siempre te has manifestado como un freudiano puro y básico. Tu fascinación por nuestro maestro primario te llevó a dedicar parte de tu vida intelectual a su lectura. Pasaste de un kleinismo religioso a un purismo freudiano, aunque en tu práctica el lema fue siempre nada de excesos teóricos. Para ti la existencia de lo inconsciente, la operatividad presente del conflicto traumático primario llevado a la transferencia, siguen siendo instrumentos indispensables e irremplazables para conocer a ese otro que viene a nuestros consultorios a compartirnos su dolor psíquico. Siempre con la paciencia enorme que nos exige nuestro oficio, esperando prudente y silencioso, como cazador avezado, a que emerja el centro del conflicto, a que se devele y descorra la cortina de la represión y comience el cambio estructural. Ahí apareces a tomar la presa con tu comentario integrador y amoroso hacia tu dolido compañero de andanzas, tu paciente analizando.

También te ha caracterizado en tus comentarios, el poner el paciente por encima de toda consideración, incluyendo obviamente lo teórico. Yo hago lo mismo y lo llamo trato amoroso. Primero el otro que yo. Primero el analizando que cualquier otro insuceso; existe siempre con él, además de la necesidad de lo interpretativo y develador de lo inconsciente, una vivencia amistosa, para mí amorosa, ya que amor es el otro.

Tu judaísmo siempre se desdibujó. Era difícil creértelo por tu total agnosticismo religioso y además por tu apellido. ¡Cómo diablos se pudiera apellidar Viñar un judío!

Ahora, tu propuesta de la necesidad que deben tener los analistas de salir al mundo de afuera, de romper la fortaleza de lo interno sin conexión con lo externo, es sin lugar a dudas una exigencia cada vez más clara cada día a día para nuestra disciplina. Inevitablemente tenemos que cambiar el foco y explotar todo lo maravilloso que el psicoanálisis puede ofrecer a la comunidad y a la cultura en general. Para mí, buena parte de los cambios hacia la cultura posmoderna que se nos vino encima se deben a los descubrimientos psicoanalíticos del funcionamiento mental. Tú propones muy razonablemente romper con lo que llamas la "endogamia tribal", que nos puede aislar y poner profesionalmente en peligro. Así, compartir con oficios afines no es sólo una necesidad, llamémosla social, sino una importante actitud de crecimiento intelectual y un necesario compartir descubrimientos humanos que inter enriquecen las disciplinas humanísticas, para bien de la libertad de mente y pensamiento.

Siempre has defendido el pensar crítico por encima del adoctrinamiento que dan las posturas idealistas y dogmáticas. Ese pensar, y no sólo repetir, es para ti y para muchos de nosotros, la esencia de una ideación realmente analítica que contiene de manera inevitable la mayéutica socrática y el espulgue filosófico en búsqueda de la verdad. En nuestro caso, la verdad interior oscurecida por la neurosis, que no es más que la repetición inconsciente, la más de las veces, del pasado detenido y encriptado en el síntoma.

Esa, nuestra fascinación por la locura, nuestra complacencia por lo que revienta el statu quo, fue la que permitió, en el caso tuyo, adentrarte en lo más absurdo del idear humano. Tu fascinación y manejo de lo que llaman psicótico fue un gran estímulo en tu actuar profesional.

La influencia que recibiste de tantos grandes del psicoanálisis latinoamericano, y en particular porteño, es algo que sobrecoge. Esa cofradía con los Baranger, con la genialidad de un Bleger, de un Racker o de un Líberman, la maestría de un Rodrigué o de un Pichón-Rivière, entre otros, reforzaron en ti la libertad mental y, por qué no, la anarquía creativa.

Tu crítica a la trivialidad de la cultura actual, que en mi opinión es posmoderna e imparable, y tu preocupación por la presentificación de todo y la demolición de los pilares de la modernidad. Como la familia y los temores tradicionales que vivimos con ambivalencia, le dan un lugar privilegiado al psicoanálisis, donde nuestros jóvenes podrían encontrar su tiempo vivencial interior, como tú lo llamas. Se trata de un tiempo extendido donde vuelva a contar un pasado representativo y sostenedor de la existencia de ese fuero interior donde se pueda pensar y fantasear. Lo que tu defines como la capacidad de ensimismarse, el aprendizaje de interrogarse y de dar sostén a la mismidad y poder llegar a ser "parteros de sí mismos". Ves la necesidad de que la vida tenga un proyecto y no en lo que se ha convertido: en el transcurrir de un eterno presente sin mañana.

Es constante la pregunta por el ser del hombre, cuya esencia humana sitúas en su capacidad de interrogarse, de un pensar simbolizante. Crees que la instantaneidad actual pareciera atentar contra la cualidad pensante que define a la especie. Sostienes con mucho tino que el vínculo precede a la existencia en todo sentido: en la pareja que nos antecede y en la formación del sí mismo que nace de lo vincular primario. Lo individual está en el ciclo vital, pero lo que permanece en el tiempo es la humanidad.

Te preocupa que la presencia encarnada del prójimo haya ido desapareciendo, para ser reemplazada por las realidades virtuales. Afirmas que antes el llanto convocaba la contención física, mientras que ahora evoca una pantalla como símbolo de tranquilidad y sosiego. Y que en este siglo XXI muere la familia, la pareja estable, la presencia hogareña de la mujer, rompiéndose el androcentrismo con el merecido logro del trabajo femenino a la par con el hombre, ocupando ella los espacios profesionales, tradicionalmente masculinos. Esto ha llevado a que esa socialidad clásica que conocimos en la infancia vaya siendo reemplazada por la socialidad tecnológica, en pantallas de todo tipo. En esto sí siento un tufillo muy modernista y un pésame por la pérdida de la tan privilegiada pero ya antigua cultura porque lo que viene es imparable y hay que hacer el duelo por lo que ya se fue. Han llegado tiempos vertiginosos que no dejan lugar a la reflexión, la que ha sido reemplazada por la acción. La salida de ese frenesí que denominas tiempo epiléptico se podría dar, según crees, por la aparición de la pausa, del aburrimiento.

Aquí me permito hacer una reflexión sobre la cultura. Los cambios que sufre, con frecuencia sorprenden a lo clásico anterior y se viven como absolutamente abortivos. Qué tal la realeza mirando la revolución francesa que ella produjo. Y ahora, la modernidad agobiada y demolida al observar lo posmoderno, que es su hijo ilegítimo, pero que lo permitió y gestó con sus leyes y sus respetos a lo democrático, piso para su advenimiento. Es trágico, a lo griego, observar que los últimos hijos paridos por una cultura serán siempre repudiados por su generadora, puesto que nacieron para destruirla.

Para volver ahora a tus reflexiones, sigues con que el siglo XX comenzó a permitir la globalización, llamada por ti planetización, comandada por una economía excluyente. No hay, entonces, sistemas de convivencia viables, sino la fantasía de un futuro catastrófico con el cambio climático en acción y sus consecuencias suicidas para la especie humana. El progreso que prometía mayor igualdad y bienestar se convirtió en sinónimo de catástrofe. La tecnología sólo ha traído insalvables distancias entre una riqueza desproporcionada de unos pocos y un resto de la humanidad cada vez más empobrecida. Creo que aquí te interpreto casi textualmente.

En tu obra sobre el enigma del traumatismo extremo planteas que sólo podría haber solidaridad con el advenimiento de un formidable cambio político, que busque que la masa abandone la fascinación por líderes carismáticos y advenga a elecciones reflexivas que no persigan la eliminación del diferente sino aprender a negociar la enemistad. Y crees que la propuesta de la democracia permitiría la negociación de esa enemistad, so pena de poder caer en la barbarie. Y yo te agregaría que ella lo lograría como estado mental estructurado, lo que es un reto para los procesos educativos en la cultura.

Y tu idear reside en que la democracia, con su fragmentación del poder, es el mejor instrumento para disminuir la capacidad destructiva del solipsismo narcisista. Eso nos permite soportar al otro, al extraño o extranjero. La solidaridad se lograría solamente con el estímulo del espíritu comunitario. Así, hablas de la franja intermedia entre lo íntimo y lo público que sería la grupalidad. La posición entre el sujeto subjetivo y el sujeto adaptado a las buenas maneras se da por la grupalidad. Y afirmas que el mayor miedo del humano es no ser nadie para nadie, lo que tiene como antídoto la grupalidad y que sólo nos humanizamos a través de la pertenencia y la lealtad. Insistes en que la desigualdad cada vez mayor es el polvorín para un estallido social.

En la clínica consideras como principios éticos básicos la neutralidad y la abstinencia. Esto permite la escucha libre y la real comprensión del otro, lo cual a su vez, nos posibilita trabajar sobre las diferencias, dándole un lugar preciso a lo distinto y a lo ajeno. Afirmas genialmente que en un proceso terapéutico no cambiamos el ayer sino el mañana. Yo agregaría: al disipar el pasado damos claridad y libertad al futuro. Y anexas: un mañana menos tonto que el que viene sin el cambio.

En tus comentarios sobre un visitante del siglo XXI nos dices que alguien al haber sido del mundo de los excluidos – en lugar de estar en el mundo de los incluidos – vive la impronta de la diferencia entre delincuencia y buen manejo conductual. Ahí aceptas estar de acuerdo con Donald Winnicott y sus tesis sobre el origen de lo delincuencial. Y hoy con preocupación ves una tendencia a la prolongación cultural de la adolescencia, de gentes que no han logrado su última identidad, que yo llamo la identidad de oficio, y quedan flotando en el aire de la indefinición existencial.

Insistes en que acción y reflexión deben estar unidas en favor del pensar y eso no lo ves en la que consideras una sociedad cada vez más fragmentada. Sientes que el presente es lúgubre porque cada vez hay más exclusión, lo cual implica más violencia. No te cansas de afirmar que el sujeto es construido y no producto ciego de una biología, siendo por esto el habitante del siglo XXI un ávido consumidor.

Creo que ya me detengo de revisar tu ideario. Y

me permito entrar a un tema que habla de tu ternura, que es para muchos de nosotros muy explícita. Eres un hombre bueno de alma y de corazón noble y grande. Cómo disfrutas que te visiten tus queridos amigos. Y que pernocten en tu casita. Allí tuve el placer de pasar un fin de semana largo contigo en Montevideo, en tu compañía y la de la tan querida chilena Maren, tu media naranja real, con quien despliegas el máximo de tu tierna capacidad de amar.

Y por desquite, cuando visitaste Bogotá invitado en la presidencia de nuestro querido Luis Fernando Orduz, no permití que te alojaran en ningún hotel cinco estrellas, pues estabas más que invitado a vivir la experiencia de ser huésped en mi hogar. Y junto con Clarita gozamos de recibirlos como pareja y cuidar y acompañar a la querida Maren y disfrutar de tu compañía cariñosa y verte tomar mate las veinticuatro horas del día. Qué agradable momento y "añoralgia" tan grande tengo de esos instantes tan vívidos. Añoranza de vuestra compañía exquisita y nostalgia de tu discurrir intelectual y de tu extenso abrazo de amigo íntimo.

Marcelo querido: siempre estás ahí, presto a mi llamado. Y te pregunto: ¿qué será eso de olvidar a un ser bien amado? Yo no sé qué es eso de elaborar duelos cuando alguien vive cómodamente en uno.

Bueno, ahora te dejo descansar de mí, de pronto, asador parloteo. Sigue en tu pesado sueño. Cercano está en que nos veamos con otros planes y en otro plano.

Y parodiando a ese otro grandote del Saúl Peña, se despide tu amigo de siempre y por siempre.

Guillermo

Dr. Guillermo carvajal C. Md

Actividades y títulos
Médico de la Universidad Javeriana, 1966
Ejercicio de la Psiquiatría de Adultos, Niños y Adolescentes desde 1970
Psicoanalista de Adultos, Niños y Adolescentes
Investigador por más de 45 años en Adolescencia
Investigador por más de 35 años en Educación, Democracia y Justicia de Menores
Conferencista nacional e internacional en temas relacionados con Niñez, Adolescencia, Pareja, Familia, Justicia de menores, Educación y Democracia
Profesor de pre y pos-grado de las Universidades Javeriana y Andes
Profesor invitado en pre y pos-grado de la U.I.S., U.C.A. del Salvador, Universidad del Valle Universidad del Norte, UNAB, Universidad Distrital de Bogotá, del Doctorado de adolescencia de la Universidad del Desarrollo de Santiago de Chile y del doctorado en Investigación educativa de EDU Andina
Miembro Titular, Profesor y varias veces Secretario y vocal de la Sociedad Colombiana de Psicoanálisis
Director General de "FICPI" - "Fundación Instituto Colombiano de Psicoterapia Integral"- desde 1971
Miembro de COCAP, IPA, como psicoanalista de Niños y Adolescentes
Asesor Nacional e Internacional de ICBF - AID
Realizador, junto con la Corte de Massachusetts, de la ley de menor infractor en El Salvador - 1996
Vicepresidente y Vocal de la Federación Latinoamericana de Psiquiatría Infantil, "FLAPIA"
Presidente de la Federación Psicoanalítica de América Latina, "FEPAL", 1996 – 1998
Presidente del Consejo Superior de la Universidad Manuel Beltrán – U.M.B. – 1995 – 2004
Director del Departamento de Niños y adolescentes de "FEPAL", 2002 – 2004
Director del Departamento de Niños y adolescentes de "SOCOLPSI", 2012 – 2014, 2020 – 2022
Miembro Fundador, Vicepresidente y Tesorero de la Academia

Colombiana de Pedagogía y Educación
Director y presentador de 135 capítulos del programa de TV "LA AVENTURA DE CRECER" para INRAVISIÓN – SEÑAL COLOMBIA
Director del Proyecto Piloto de "Investigación Operativa Transformadora de la Dinámica Educativa de Cinco (5) Instituciones Educativas en la ciudad de Neiva", 2006.
Cofundador del grupo "Aperturas en Psicoanálisis", 2022
Obras destacadas
"ADOLECER: LA AVENTURA DE UNA METAMORFOSIS" – 1993
"CARTAS A ANDRÉS. CÓMO FORMAR UN DEMÓCRATA SIN CORROMPERLO" – 2002
"ADOLESCENCIA" (Libro-video sobre "La aventura de una metamorfosis") - 2009
"ENTREMESES Y SILABARIO" – 2011
"PRIORIDAD PERVERTIR A LOS NIÑOS" – 2012 – 2013
"CREANDO TALENTOS – Respuesta a una escuela inoperante" – 2019
"GRADIVA E SUAS ANDANCAS", 2022 (Co-autoría)
"DÓNDE ESTÁS... PAPÁ", 2025, en prensa
Distinciones
Universidad Javeriana – "Presidente Comité de Admisiones" – 1972
Universidad Javeriana – "Miembro Consejo Directivo, Facultad de Psicología" – 1974 – 1978
COLDEPORTES – "Presidente Consejo Nacional del Año Internacional de la Juventud" – 1985
Asociación de Psicólogos Javerianos – "Miembro Honorario de la Asociación" – 1986
Corte de Massachusetts – "Homenaje por Aportes a la Democracia" – Boston – Worcester – 1997
Congreso República de Colombia – "Orden de Caballero Dignidad y Patria" - 2010
Colegio de Santander – "Bachiller Emérito", en la celebración de los 75 años de fundado – 2010
31 Congreso Latinoamericano de Psicoanálisis – "Presidente Honorario" – Cartagena, Nov. 2016
Gobernación del Departamento del Huila – Decreto de "Exaltación por compromiso y contribución a los procesos educativos del país" – Neiva- Huila, dic. 2016
Homenaje internacional virtual por Aportes a la Democracia, a la Educación, a la Adolescencia y al Psicoanálisis. Organizado por la Fundación Antonio Santamaría de México, la Academia Colombiana de Pedagogía y Educación y la Sociedad Colombiana de Psicoanálisis, mayo de 2021

Para no declinar ni la verdad ni la memoria de un Maestro. Un psicoanalista implicado

Hilda Catz

Hemos aprendido
a volar más que las aves,
a navegar más que los peces,
pero no hemos aprendido
a convivir en paz,
sin lastimarnos o destruirnos mutuamente.
Daniel Gil.

Hablar de nuestro querido Marcelo Viñar, que sigue tan presente en todos, no es tarea fácil, remueve, conmueve y nos enfrenta a la experiencia de su ausencia, su falta, su abrazo amigo. Su mirada profunda donde nos albergaba en nuestro camino no siempre de llanura de la formación como psicoanalistas, pero sobretodo, como seres humanos.

Uno de los objetivos de homenajear a este autor tan prolífico y creativo y que además tiene tanta actualidad, es familiarizarlos con lo que nos invita a sostener. El coraje de pensar, de no saturar el campo analítico y sostener creativamente la ignorancia, enceguecerse para ver más allá de la fuerza de las evidencias de una época caracterizada por la futilidad de los vínculos y la inmediatez de las respuestas. Una invitación a tolerar la incertidumbre para crear las posibilidades de cuestionarnos, porque se opone a una transmisión estructurada, rígida, dogmática, meramente utilitaria. Sabemos que esta última no es no sólo estéril sino destructiva porque inocula desesperanza y hastío, por lo tanto desde esta perspectiva sería concebir la mente como un universo en expansión, y poder tolerar la espera, el misterio, la duda y la falta de certezas.

Viñar (2008) estaba más del lado de quienes piensan que el encuadre se construye entre dos al modo de una artesanía, plantea que no es necesario instalarlo por decreto como si fuera un rito de iniciación pero que no asegura por sí mismo que un proceso analítico transcurra. Poder posicionarse como interlocutor y testigo, para dar un espacio donde poder restablecer el espesor del psiquismo allí donde la descarga catártica busca expulsarlo. Y es asi como el psicoanálisis se asoma a las fracturas del discurso, al intersticio de lo que otras creencias humanas no pueden decir ni pensar. Solía sostener con énfasis que"*...para que haya psicoanálisis no basta que haya un analista y un paciente, salvo Freud en el comienzo. Siempre es necesario el colega que te sostiene, que te apoya. Me parece que la "grupalidad" es decisiva para sostener el quehacer analítico, que en la soledad absoluta sería muy difícil*" (Entrevista con Moises Lemlij, Punta Ballenas enero de 2010-2011).

Los resultados polifónicos de este camino polisémico emprendido constituyen una cosecha enriquecedora de experiencias germinadas que invitan a seguir un recorrido seminal de derroteros inesperados para acceder a nuevos territorios de oscuridad y de descubrimiento, nunca de certezas. Como si estuviera acá entre nosotros, ayudándonos a escribir y transmitiéndonos esa pasión por los silencios, por interrogarse frente a una subjetividad que no habla solo de un sujeto interior, sino relacional que nos enfrenta con lo ignoto, lo desconocido, lo inefable.

Me permito puntualizar algunos de sus conceptos que constituyen desde mi perspectiva el "hilo rojo" de Marcelo Viñar, que quiero destacar.

1- Tuvo siempre presente que Freud nunca dejó de lado, lo que Laplanche llamaba a el eje socio antropológico de su obra, desde Totem y Tabú hasta el Moisés, pasando por supuesto por Psicología de las masas. Freud (1921) decía que desde el comienzo mismo la psicología individual es simultáneamente psicología social… todos los vínculos que han sido hasta ahora indagados preferentemente por el psicoanálisis tienen el derecho a reclamar que se los consideren fenómenos sociales. Por eso mismo cito en el epígrafe a su entrañable amigo Daniel Gil y su constante preocupación por la humanidad toda.

2-La importancia de las experiencias psicoanalíticas en la actualidad sociocultural y su interrelación permanente con ese sujeto de la intimidad. Alertándonos a no quedar capturados ni en la clínica del síntoma ni en la sutura apresurada de la medicalización que amparados por el desamparo psico-social acuda presta con un andamiaje de nuevas patologías.

3- A lo que siempre nos convocaba era a *Ser* nosotros mismos y no sólo *Tener* un diagnóstico y un pronóstico adecuado sin olvidar nunca esa interacción permanente con el entorno circundante y sus arbitrajes. Partiendo de que la construcción que realiza el analista, del pasado, y del presente desde esa perspectiva debe lograr transformar al analizando en el historiador de su propia vida y en el creador de su propio mundo.

4- Destacaba siempre que en la producción teórica actual prevalece una atención privilegiada de lo íntimo en desmedro del "hombre de masas" como decía Canetti a quien gustaba referirse. Elías Canetti (1960) en "Masa y Poder" habla del narcisismo fanático al decir: "El poder en su esencia y en su culminación desprecia las transformaciones. Se basta a sí mismo, se quiere sólo a sí". (no es parte de la cadena).

5- Marcelo solía decirnos que en tiempos de la modernidad liquida o el vértigo civilizatorio como el que atravesamos la metáfora que designe la experiencia psíquica debiera sugerir el movimiento, lo efímero y el cambio abrupto ante el flujo constante de la experiencia. Le gustaba aludir al viento, el aliento que va desde la calma al huracán con sus intermedios de brisas y ventarrones, ya que todas estas alternativas poseen un rasgo previsible y al mismo tiempo, nos enfrentan con lo inesperado.

6-Subrayo principalmente la importancia que le daba a la diversidad de perspectivas de comprensión, de vértices de observación diferentes y heterogéneos, condenando lo uniforme y destacando especialmente cómo lo social, lo socio-político influyen en nuestro quehacer.

7-Nos remitía siempre a *cómo nos cambia un mundo que cambia* donde la variación más que la cualidad estable es lo que caracteriza a la naturaleza y el pensamiento, cambiando así la brújula de la operación de conocimiento.

8-Desde su perspectiva y por todo lo que venimos viendo, destacaba el hecho de que hemos trocado el rumbo desde el paradigma iluminista de apuntar a una causa prínceps y a un determinismo lineal para desembarcar en los paradigmas complejos, multicausales, con zonas de incertidumbre y desasosiego.

9-Pero sin olvidar que no es lo mismo pensar o interpretar la humanidad de un sujeto centrándolo exclusivamente en el fuero interior de sus pulsiones e identificaciones que pensarlo inmerso en sus vínculos y acontecimientos.

10- Nos invitaba a Ser interlocutor y testigo de

nuestra época para devolverle al psiquismo la espesura perdida en estos tiempos de urgencias y de cambios cualitativos vertiginosos. Sostener el tiempo reflexivo como él decía dónde se va sedimentando la experiencia en sucesivas capas, imbuida de tiempo, de espera.

11-Poder hacer una pausa y preguntarse, interrogarse haciéndole frente a la presión de los eventos que arrasan con lo inesperado y demandan un "Haced-lo ya", un "just do it" que condena a la acción irreflexiva y a la palabra vacía de contenido.

12- Poder restablecer el espesor del psiquismo allí donde la descarga catártica busca eyectarlo, asediados por tiempos de exigencias que se diluyen en lo inmediato y minimizan los afectos, las emociones, los vínculos, acosados por lo superfluo, o aun peor, por lo dogmático.

13- Remarcaba con énfasis *que El trabajo de subjetivación es una lucha constante entre el lugar asignado y el lugar asumido* frase que subrayaba con su habitual vehemencia.

14- Por eso considero que es necesario destacar una de sus advertencias:

"El rigor del pensamiento crítico es la única vacuna o antídoto para que la ciencia no sea el disfraz actual de la religión".

15- Solía decirnos que de poetas y de locos, todos tenemos un poco, y evocaba la definición de su maestro, Carlos Mendilaharsu, cuando afirmaba: *"La salud mental es un estado transitorio que no presagia nada bueno". (De Souza, N (1995)*

16- Nos llevaba a permitirnos cuestionar la historia del sujeto desde su creatividad y su destructividad, para oponerse a la noción normalizante de la salud mental que tanto cuestionaba, donde los paradigmas complejos nos hablan de una causalidad múltiple y de zonas de opacidad de lo real que no llegamos a vislumbrar de la mente o la cultura humana.

17- Porque como sabemos, descubrir y transformar se intrincan en una espiral interminable, de manera que el valor de un documento no reside solo en lo que afirma o describe sino también en sus silencios elocuentes, en lo que oculta u omite. Hoy, la Mono causalidad determinante ha perimido y el desafío es preservar el rigor de un pensamiento crítico, pero dando cabida a la incertidumbre, el misterio y la duda que apuntan a un real incognoscible.

18- Apuntaba a que los caminos de simbolización sean razonablemente transitados, para que puedan darse las condiciones para escribir la novela familiar del neurótico, concretando de esa manera un puente entre el mundo interno y el sujeto trans-generacional, con las marcas simbolizantes de un pasado precursor.

19- La necesidad de un grupo que acoja al recién nacido y lo acune hasta que instale su lugar en la constelación genealógica. Considero que asentaba así las bases para el reconocimiento de haber sido originado para así poder dar origen reconociéndose como parte de una cadena. No estamos encerrados en el mandato de los ancestros o la tradición, pero quienes nos preceden son el referente para definir continuidades y rupturas.

20-No obstante, siempre decía que los hombres se parecen más a su tiempo que a sus padres, como increpaba Max Weber a Freud. Y estamos transitando en tiempos de desasosiego identitario, tensión entre lo que precede y los dispositivos pulsionales de cada quien que se expresan en la singularidad de cada sujeto deseante.

21- Nos instaba a considerar que aun en las llamadas ciencias duras, nos encontramos con que el saber no es perenne y su pretendida objetividad irrefutable será siempre una utopía. Una cogitación interminable de enigmas, pero , aseguraba, personalizar el encuentro y crear lo que no es fácil- un ámbito de intimidad como ineludible para seguir esas huellas apenas vislumbradas de lo desconocido.

22- Y desde esta perspectiva tan amplia y multifacética, quiero subrayar otra de sus precisas advertencias cuando nos habla de las *"patologías del acto que prevalecen, y es justamente en ese abismo que el psicoanálisis debe hoy sumergirse, como lo hizo Freud con la sexualidad demonizada un siglo atrás. La talking cure que inventó Ana O. no ha desaparecido sino que ha cambiado sus ropajes. Este es el punto nuclear del encuadre, no la frecuencia semanal de las sesiones. En este mundo de alta velocidad, del flash o del Twitter, la palabra extinguida debe recuperar su droit de cité (derecho de ciudadanía). Esa es nuestra tarea".* Viñar (2008), p. 23.

23- Destacaba que justamente es el fracaso reiterado de la descarga instantánea que promete el objeto alucinado el verdadero motor que desencadena el largo rodeo y la satisfacción diferida y mitigada que logra la identidad de pensamiento y que expande los procesos secundarios. Los pensamientos en busca de un pensador. Ese espacio entre la narrativa y el acto, en el que incluía un cuerpo expresivo en la entonación y el gesto que eran tan importantes tanto como el contenido verbal para que se observen los relieves afectivos que ocurren en el diálogo y se pueda albergar lo no pensado.

24- Remarcaba que nuestro trabajo parte del saber dialógico, propio de las ciencias del sujeto o ciencias humanas caracterizado por que el objeto estudiado no pertenece a la naturaleza, sino que es producto de por lo menos dos décadas anteriores. Buscaba constantemente asomarse a los bordes de los territorios respectivos. Interactivos y menos explorados, proponiendo la noción de epistemologías regionales, específicas para la diversidad de campos disciplinarios.

25- Incluso sabiendo que de los núcleos enigmáticos solo lograremos perforar algunos milímetros, nos conminaba a hacer el intento ya que el empeño vale la pena, y nos decía que como le dijo el Quijote a Sancho, lo que importa es el viaje, no la llegada. Sabiendo que lo real incognoscible como la sombra al cuerpo, acompañara siempre a los esfuerzos humanos por desentrañar lo real. Y no quiero dejar de agregar lo que escribieron con Maren en el libro "Fracturas de la Memoria", (1993) "no pudimos por motivos diversos hacer que se cumpliera la verdad y la justicia, pero eso no hace que haya que declinar la verdad y la memoria"...

Por todo lo expuesto y desde esta perspectiva, considero que nos lleva a reflexionar que la existencia del psicoanálisis dependerá de su capacidad de transformación, de creación de teorizaciones y prácticas ligadas a lo que la subjetividad y la sociedad presenten en un mundo que cambia, sin declinar la verdad y la memoria. De proponer, delinear, modelos conjeturales y descartables para teorizar y transformar estas nuevas formas de vincularse creando lazos como este homenaje, para seguir navegando en un mar de incertidumbres ya que nos hallamos ante lo que podríamos denominar una crisis civilizatoria del siglo XXI.

En ese sentido quisiera destacar como enfatizo la importancia del intercambio, de trabajar en grupo y con los grupos, de sostener la escucha atenta y respetuosa del otro y de los otros, proponiendo además alternativas inesperadas que se instalan como posibilidad irrenunciable y también indispensable en el proceso de formación constante de ser psicoanalista.

Grupos que, como el que trabaja en este libro, construyen un espacio intermedio entre lo público y lo íntimo para enfrentar lo que acontece con multiplicidad de miradas, donde la grupalidad enriquece la percepción de los hechos en toda su complejidad, a su vez inabarcable y refleja. Porque sabemos como decía Viñar que ni el río ni el sujeto serán los mismos y lo único permanente es el cambio.

Podemos sentir el palpitar de numerosos profesionales, colegas que abrevamos en sus saberes, dispuestos al encuentro, que transmiten y despiertan las ansias de saber. Instilan un deseo que sabemos perdurará toda la vida, y hablan de un encuentro y un ejercicio de libertad para no declinar la verdad ni la memoria, que obligan a continuar persistiendo en el intento, como documento y testimonio de la época que vivimos.

Y me permito citar una frase de Benjamin, W. que siempre nos decía:

...contar la propia historia es un gesto humanizante y un derecho inalienable.
Pero no hay narrador sin oyente, sin testigo.
Su carencia (su falencia) es un atroz exilio en la desolación.

Bibliografía

Canetti, E. (1960) Masa y Poder Editorial Alianza tapa blanda en español 2013. Por Eterna Cadencia.

De Souza, N (1995) El Dr. Mendilaharsu recuerda a Willy Baranger. Revista Uruguaya de Psicoanálisis Nro. 81. Teoría Hoy Pp 21 - 30

Homenaje a Madeleine y Willy Baranger; la memoria viva; mito, historia y presente (1992). Revista Uruguaya de Psicoanálisis, 76, 263 - 265.

Lemlij,M. (Entrevista Punta Ballenas enero de 2010-2011). Cara a Cara. Entrevistas Profanas. Ed Sidea. Lima.

Viñar , M. (2008) Experiencias psicoanalíticas en la actualidad sociocultural. Como nos cambia un mundo que cambia. Noveduc libros, Buenos Aires, Arg.

Viñar, M. (2009) Mundos Adolescentes y vértigo civilizatorio. Noveduc libros, Buenos Aires,

Viñar, M., Viñar,(1993) Maren Fracturas de la Memoria. Crónicas de una memoria por venir

Hilda Catz

Doctora en Psicología Ph.D, Usal-APA Lic. Psicología de la Universidad de Buenos Aires.
Miembro titular en función didáctica de la Asociación Psicoanalítica Argentina, de la Federación Psicoanalítica de América Latina (Fepal) y de la Asociación Psicoanalítica Internacional (I.P.A.).
Especialista en Niños y Adolescentes. *Ex-Coordinadora del Departamento de Niños y Adolescentes de la Asociación Psicoanalítica Argentina "Arminda Aberastury.*
Profesora titular invitada de Universidades Nacionales e Internacionales.
Profesora de Seminarios de la Asociación Psicoanalítica Argentina
Ex coordinadora del Departamento de Niños y Adolescentes de la Asociación Psicoanalítica Argentina
Coordinadora del Departamento de Psicoanálisis y Sociedad de la Asociación Psicoanalítica Argentina
Coordinadora de Espacios de investigación de la Asociación Psicoanalítica Argentina
Coordinadora de los laboratorios de investigación de la Universidad del Salvador.
Guionista y Co- Directora del corto metraje: "Mi película Candela"(Youtube)
Co-Guionista del cortometraje "Crímenes perfectos", Dir. Juan Lanzillotta. *Consecuencias de la Dictadura Militar en el psiquismo individual y colectivo.(Youtube).*
Co-Guionista del cortometraje "Adulticidio", Dir. Juan Lanzillotta. *Ideación suicida en la adolescencia frente a los déficits de las funciones parentales.(Youtube).*
Videos:
-3 videos que ejemplifican el Enfoque teórico- clínicos del juego del garabato de Winnicott
-Libros (2019, (2024)) "Tatuajes como Marcas Simbolizantes" 1 y 2(reedición corregida y aumentada) Ricardo Vergara Ediciones Bs.Aires
- (2020-21-22-23)Serie de 7 libros sobre la Pandemia y la Post Pandemia en los que participaron más de 80 colegas de la Argentina y del exterior. Prologados por Marcelo Viñar. Ricardo Vergara Ediciones Bs.Aires

-(2022-23)Libros Autora de los Tomos 1 y 2 sobre Bion y la Actualidad de su pensamiento. Pensamientos en busca de un pensador .Seminarios teorico-clinicos 2022 y 2023. Ricardo Vergara Ediciones Bs.Aires

Tiene numerosas publicaciones en Libros y Revistas de Psicoanálisis nacionales e internacionales.

Escritora y Artista visual

E-mail: hildacatz@icloud.com

A la memoria de Marcelo Viñar
Un psicoanalista del siglo XXI

María Susana Martínez Ferreira

Algunas palabras preliminares

El presente texto pretende compartir un recorrido por algunos de los textos que componen la obra de Marcelo Viñar desde una cierta errancia comandada más por la asociación libre y el afecto que por una lectura sistemática y ordenada. Tomaré algunas de sus producciones desde finales de la década del ochenta del siglo pasado hasta esta década del actual milenio. Comprenderá el lector que más de treinta y cinco años produciendo textos en distintos formatos como libros, revistas (nacionales, regionales, internacionales), artículos de prensa, de difusión, etc no pueden ser abordados de otro modo para una publicación de este tipo. Marcelo fue un autor sumamente prolífico, solía decir que para él la escritura era una necesidad casi fisiológica. Lo decía de una manera bonita: escribir es para mí una necesidad tan perentoria como otras funciones vitales. Desde el exilio escribo ininterrumpidamente cartas, notas, textos. Sin escribir no podría leer, ni trabajar con pacientes. Algo de lo fugaz de las palabras -en la lectura, en la libre asociación y su escucha- se me antoja como un espacio sin límites, como una dispersión esquizofrénica, que necesita del grafismo para sedentarizarse; como las raíces de los arbustos que fijan las dunas erráticas. (Viñar, 2002).

Mucho debemos agradecer a esa especie de compulsión confesa pues nos transmite un legado material, una surtida caja de herramientas para continuar usando. Le gustaban las viejas herramientas, las buscaba, las reciclaba, dando luego con ellas una impronta cálida y agradable a sus espacios domésticos. Tomemos entonces esa herencia para ponerla a trabajar y continuar por el camino reflexivo sobre las realidades que como analistas nos interpelan, las del consultorio y las de fuera porque como aprendimos con este maestro, entre ambas hay una continuidad.

Iniciando el recorrido

No se me ocurre otro modo de comenzar este homenaje a nuestro querido Marcelo que no sea trayendo sus propias palabras a propósito de otro homenaje, a otro querido maestro del psicoanálisis rioplatense. Corría el año 1995 y Marcelo Viñar desde su lugar de presidente de la Asociación Psicoanalítica del Uruguay (APU), daba a conocer un texto publicado en la Revista Uruguaya de Psicoanálisis Nro. 81 dedicada al tema *Teoría, hoy* que titulaba "Para Willy Baranger" (Viñar, 1995). Willy Baranger, psicoanalista francés, argelino de nacimiento, junto a su esposa Madeleine habían fijado residencia en Buenos Aires y viajaban periódicamente para coordinar grupos de estudios, supervisar y analizar a los que luego se constituyeron en los fundadores de la Asociación Psicoanalítica del Uruguay. Como recuerda Mendilaharsu en una entrevista realizada por Nelson de Souza (1995) y publicada en la misma revista, Baranger fue el creador del Grupo Psicoanalítico de Montevideo por los años cincuenta y que luego devendrá en la Asociación Psicoanalítica del Uruguay como filial de la Asociación Psicoanalítica Internacional (API) en la década del sesenta. Finalmente se instalaron en Montevideo durante diez años, promoviendo un desarrollo fecundo del psicoanálisis por estas latitudes.

Viñar elije para esa honra póstuma, retomar sus propias palabras ofrecidas en una reunión de honor realizada por la APU en agosto de 1992 en reconocimiento a Madé y Willy Baranger. Tiempos del psicoanálisis institucional caracterizado por la coincidencia entre los fundadores que entregaban la posta, los que estaban con ella en plena carrera y los que esperaban para recibirla. En esa ocasión Viñar eligirá interrogarse acerca del enigma de la transmisión en psicoanálisis:

No somos ni una religión, ni una ciencia. ¿Qué transmitimos? ¿Qué y cómo se transmite? El enigma del origen y del destino, y una insaciable vocación de búsqueda de una respuesta que se atisba y se escabulle, para reanudar una y otra vez el enigma y la búsqueda. (1995, p. 13)

Consideraba que ese era un modo de respuesta de filiación barangeriana, tribu a la que decía, se honraba en pertenecer. Como supervisanda curricular que fui, me consta de su predilección por este autor y su conceptualización del espacio psicoanalítico como campo dinámico e intersubjetivo. En una entrevista realizada no hace mucho lo menciona explícitamente como uno de los psicoanalistas más influyentes en su pensamiento junto a José Bleger, los Mannoni y Serge Leclaire.

Nuestro homenajeado de hoy rememoraba en aquel homenaje el año 1965 en el cual, con veintisiete años, ostentaba títulos recién estrenados: el de médico y el de padre y cursaba por su quinto año de análisis y su segundo año de análisis didáctico, es decir se encontraba en la ardua tarea de advenir como psicoanalista. Con su estilo honesto y humorístico se confesaba modelado en esos inicios por el pensamiento anglosajón, más específicamente el kleiniano. Décadas más adelante en el tiempo expresará su disgusto por ese modo de expresión (bioniano, lacaniano, freudiano, etc) para referirse a las predilecciones teóricas. Decía, jocosamente, que los psicoanalistas disponían de otras cosas más interesantes que el "ano" para diferenciarse. Formado en el prototipo del médico tradicional, joven y con compañeros de seminarios predominantemente de formación humanística a los cuales caracterizaba como de "una erudición que me intimidaba" logró permitir que su núcleo identitario se sacudiera (p. 14) . Describirá a su primer analista como "el señor, en general bastante mudo y bobo que se ocultaba detrás mío...que de tanto en vez hacía una intervención, que evidenciaba, como mínimo que no era ni mudo ni bobo". Es en el fragor de estas tormentas transferenciales cuando se lee todos los trabajos de Baranger sobre la situación analítica. Y así se va terminando aquella convulsionada y revulsiva década de los sesenta, como cantaban Los Olimareños, emblemático dúo musical de canto popular de protesta, la letra de Mario Benedetti:

Cielito, cielo que sí
Cielo del sesenta y nueve,
Con el arriba nervioso
Y el abajo que se mueve

Ya sabemos que pasó después en toda nuestra América Latina, las dictaduras y el terrorismo de estado aplastaron y enmudecieron los anhelos esperanzados que los versos del poeta habían hecho cantar. Si bien abrazaba las ideas de izquierda con cierta militancia en el partido comunista y acompañaba el posicionamiento político progresista, no era un activista pero aún así terminó en prisión, como tantos otros. Su solidaridad lo llevó a brindar atención psiquiátrica a un joven que en la clandestinidad había hecho un brote psicótico. Pese a que fue conducido vendado para no comprometer al movimiento guerrillero tupamaro ni a sí mismo, como relata en *Cara a Cara. Entrevistas Profanas* (Lemlij, 2011), termina encarcelado imputado de "asistencia a la asociación para delinquir" en 1972, sufriendo en carne propia el oprobio de la cárcel militar y la abyección de la tortura, preámbulos de su marcha al exilio. Los psicoanalistas franceses que frecuentaban nuestra asociación y entre ellos, Leclaire, facilitó su instalación en Francia junto a su esposa y sus dos hijos. En esa misma entrevista relatará que al quinto día de su llegada ya estaba trabajando en la Clínica de Psicoterapia Institucional Chesnaie, una comunidad terapéutica para psicóticos, con la particularidad de que no hablaba francés. Agradece entonces a los esquizofrénicos que lo adoptaron y le enseñaron a hablar. Seguramente esa situación vivida haya contribuido a que enfatizara la importancia del ser hablante para el sujeto. Permaneció en Francia durante catorce años con la firme convicción de que retornaría a Uruguay. Su esposa, Maren, chilena, tal vez más habituada a los periplos entre países, solía relatar que ella estaba más afín a permanecer en el país galo. El convencimiento de Marcelo era irreductible. Esta experiencia, dura, de desgarro y desarraigo tendrá no obstante su lado de crecimiento y apertura, ocupando el pensamiento francés y las improntas de estas experiencias un lugar importante en su posicionamiento como analista. Evidentemente aquel joven modelado al estilo anglosajón del Río de la plata de esas épocas, nuevamente sacudirá sus núcleos identitarios dejándose interpelar por el psicoanálisis francés, ya fuera el lacaniano como el no lacaniano e incluso el antilacaniano.

Entonces, peripecias vitales, análisis y formaciones teóricas encontradas y diversas, se anudaron para conformar un analista erudito, sensible, pero no sensiblero, para con el dolor del semejante. Se sentía más a gusto subrayando la disidencia, nunca en forma destructiva, que abrazando rápidamente los acuerdos y las posiciones de saberes únicos, asomándose siempre a las zonas de interrogación, de enigmas y de incertezas. Prefería reunirse a pensar las cuestiones de lo humano con pensadores de otros sectores disciplinares de las humanidades.

Testimonio de ello fue integrar el Comité Editor de la Colección ImPertinencias/Impertenencias de la Editorial Trilce. Allí junto a Hugo Achugar, profesor de literatura, escritor y crítico literario, Fernando Andacht, semiótico, Roger Mirza, escritor e historiador teatral, y otros psicoanalistas como Myrta Casas, Javier García y Daniel Gil, armaron un grupo, definido como de amigos que se sientan a pensar. Los convocó la problemática de la violencia, la crueldad y el mal en general en la época de la post dictadura. Con ese objetivo se dedican a explorar los mitos paradigmáticos donde el odio al semejante, e incluso al sí mismo, constituyen su materia prima. Publican así un libro compilado por Daniel Gil: *Antiguos crímenes. Edipo - Narciso - Caín*, texto que se constituye en una revisita a los más antiguos crímenes: incesto, parricidio, fraticidio y el suicidio de Narciso, desde esa pluralidad de miradas, pero desde una posición im/pertinente e im/pertenente. Tanto la cultura como el cuerpo constituyen los determinantes para la existencia humana, confluyendo en un lugar y un tiempo determinado. Sabido es que el abordaje de los objetos de estudio en ciencias humanas es complejo y problemático, supone la construcción de saberes específicos que inauguran campos de pertinencias y pertenencias. A menudo estos territorios y saberes crean instituciones que reproducen una doxa cristalizada que extinguen la necesaria interpelación de los saberes constituidos. Marcelo siempre estuvo atento a este riesgo del saber anquilosante. Defensor de la especificidad del psicoanálisis pero enemigo del encierro solipsista y totalizante de posturas que todo lo explican. A cuenta de generar cierta disgresión en la exposición, me interesa intercalar algunas palabras sobre la satisfacción que obtenía en la interlocución con los historiadores. También junto a Daniel Gil, solían encontrarse periódicamente con dos fuertes exponentes de estudios históricos en Uruguay. Me refiero a José Pedro Barrán autor de Historia de la Sensibilidad en el Uruguay, entre otras obras y Gerardo Caetano, destacado politólogo que nos hará el honor de prologar este libro de homenaje. En "Historia y Psicoanálisis: diálogo entre oficios" (1997, p. 25) dirá que la lectura de la historia, primero y el acercamiento a los historiadores y sus métodos, después, le habían permitido escuchar los relatos de sus pacientes de otro modo, enriqueciendo su clínica.

En el primer texto mencionado en el párrafo anterior escribe: "Notas sobre la prohibición del incesto" (1994, p17) y "¿Dónde comienza la historia de Edipo?" (p.30). En el primero dialoga con la antropología, ensayando una cierta respuesta sobre la especificidad del psicoanálisis. “El psicoanálisis apunta, sin éxito ni claudicación, a cuestionar los discursos ideológicos y a poner en evidencia lo que contienen de escondido y callado” (p21).

Su segundo escrito tiene el valor añadido de ser la conferencia que dictó en APU en agosto de 1985 como primer reencuentro con la vida institucional luego de sus catorce años de exilio. Problematizará uno de los mitos fundantes de la disciplina freudiana, articulándolo incluso con las vivencias vitales de su exilio. Escena de actualidad que confiesa fantaseada y anticipada de múltiples maneras “a cuyo conjunto podría llamar retorno fantaseado o mítico, que precede el retorno a la institución madre” (pp30). Expresaba su sentimiento de gratitud y su afán de dar testimonio de ello. Ese complejo entramado que supone la formación analítica, del análisis personal, la supervisión, los seminarios, las reuniones, tejieron red que contribuyó con su contención frente a la difícil experiencia que le tocó vivir. “Allí supe/supimos como nunca la forma en que (la institución) nos ayudó y nos permitió sobrevivir y navegar” (p.30). Encontraba que su tránsito más o menos llevadero por el exilio había estado en las marcas de legitimidad y filiación que le habían otorgado la Universidad de la República y la APU. Esta experiencia afectiva que remite a sus marcas filiatorias le traen la historia de Edipo para su reflexión. “¿Dónde empieza la historia de Edipo y sus variantes?”. ¿Será un mito que atañe a lo singular de Edipo, a lo familiar o que involucra al *socius*, como le gustaba decir? Luego de un muy fino análisis de las ramificaciones y complejidades del mito expresará: "yo me atrevo a decir que esos espacios, individual, familiar y sociopolítico no tienen aduanas tan claras y ese dictamen, que se usa tantas veces, para decir lo que es analítico, y lo que no lo es, funciona como argumento de poder y obstáculo para pensar" (pp33). Conclusión a la que arriba luego de un muy concienzudo análisis de la tragedia de Sófocles en la que incluye tanto a la historia como a su prehistoria. Edipo nace condenado por un oráculo que lo precede, es decir, su destino es previo a su existencia por un enunciado que lo antecede y determina. Irremediablemente sujetado a una filiación maldita que violó las leyes imperantes. Las consecuencias del mito así entendido como dispositivo teórico, supone un antes a la singularidad del sujeto y marcará una posición analítica donde el otro es prioritario.

Este anudamiento entre lo singular, lo familiar, lo social y lo contextual serán una constancia en el modo en que Marcelo Viñar abordará tanto la clínica psicoanalítica en el espacio del consultorio como la mirada psicoanalítica con la que se implicará en la lectura de fenómenos complejos como las violencias o los cambios societarios. Desde mi perspectiva es lo que le permitirá una visión muy lúcida y aguda que se expresará en todos sus escritos que abarcaron este cuarto de milenio que llevamos. En el año 2002 publica *Psicoanalizar Hoy*, texto en el que ordena y sistematiza sus apuntes dispersos sobre variadas reflexiones acerca de conceptos psicoanalíticos como repetición, rememoración, reelaboración y transferencia, experiencia de satisfacción, los efectos de la realidad sobre el psiquismo, entre otros. También trata temas polémicos como el de ciencia e investigación en psicoanálisis e introduce en el último capítulo, con el título: "Un mundo que cambia. Qué subjetividades para el siglo XXI", una de las problemáticas que lo ocuparán hasta el final de sus días, reflexionando sobre los conceptos de subjetividad y mutación civilizatoria. Ya había empezado a trabajar sobre estas cuestiones como lo testimonia un artículo de su autoría publicado también en una RUP del año 2000: "El psicoanálisis en el vértigo de la mutación civilizatoria".

La preocupación de Marcelo acerca de las controversias en relación a la investigación en psicoanálisis ocupó varias de sus publicaciones. Alertaba cada vez que podía sobre el riesgo implicado en la ilusión de objetividad que la investigación empírica de ese modelo ideal de la ciencia oficial podría podría traer (1997). En las Jornadas de Historia y Psicoanálisis organizadas por APU en 1997, en el panel introductorio, decía: "Dado que en nuestro oficio la discusión está candente, yo quiero afirmar que hoy venimos a una jornada de investigación en Psicoanálisis. Pongo este estandarte contra una hegemonía acaparadora de la investigación empírica. No soy quien para decir qué es más importante que qué. Sólo digo que investigar es un campo vasto y heterogéneo que tiene lugar para la diversidad" (p. 23)

Entendía la situación analítica, pero no solo la

de la sesión, siempre como textos a descifrar. "El ser expresivo y hablante no coincide nunca consigo mismo, es inagotable en el desplazamiento de sentidos y significaciones" "Los ideales de objetividad, exactitud, predictibilidad y verificación que hacen a la cientificidad de las ciencias oficiales no son aplicables al psicoanálisis pues lo privan de su instrumento esencial, el de "un repertorio de pensables en la mente y el cuerpo sensible del analista que habilita la interpretación y modificación del campo bipersonal". "El analista no es un espejo plateado y glacial sino que se alquila como espejo de carne". Una persona toda con sus pensables, sus puntos ciegos y resistencias.

Era un analista de escucha fina, propongo releer un trabajo en el que se muestra trabajando: "Una historia "clínica". El hijo de un desaparecido en el exilio", publicado en Temas de Psicoanálisis (Viñar, 1988).

En este texto comparte algunos fragmentos de su trabajo como analista en Francia. Allí puede observarse su estilo, subrayando la incomodidad y la dificultad, no desde la sapiencia o de lo logrado, elige, como siempre, pararse en lo interrogativo, en lo que interpela. Su modo de presentar al paciente es cercano y cálido: "Tiene 19 años. Sus ojos claros de mirada tierna escrutan mi lugar y mi persona –sacrosanto consultorio- pero evitan, con turbación y rubor, el encuentro con mi mirada". Destacará las dificultades que se presentaron durante un buen tiempo para que la palabra fluyera, "él no sabe que decir ni yo preguntar", incómodo por las entrevistas que se suceden en ese trasfondo de frustración, muestra su capacidad de espera. Su paciente dirá: "Ah! Los franceses son fríos, individualistas, me rechazan, yo estoy con ellos, pero no puedo sentir, ¿me entiende? ¿o no sé decirle lo que pasa?" Analista interpelado que reflexionará: "Ahora el turbado soy yo…callar es incómodo. Ahora me indaga. Me asedia con su mirada y su palabra" También refiere que el paciente había reparado que: "En su puerta no hay ninguna placa. No sé… todos ponen dentista, médico, psicoanalista, usted no… Es raro, aquí no hay", constituyéndose en el preámbulo de las dudas del joven sobre si seguir asistiendo a sus sesiones o dejar de hacerlo, si total no sabe de qué y cómo hablar. Marcelo dirá: "No sabe quién es. No sabe quién soy…si no sabe quién soy, ni quién es, ni a qué viene dejará de venir" La transferencia se tensa y algo allí surge: "Sabe…con el que yo podía hablar era con un amigo, un uruguayo…con él sí…pero se volvieron. Nosotros quisimos hacer lo mismo, pero no se pudo, no hay trabajo". Surge el "uruguayo" como palabra llave, contraseña la llamará Marcelo, habilitando el ingreso a la red asociativa. Dirá: "Respiré aliviado. Se había instituido un lugar para la palabra" luego de un largo período de sostener el silencio. Ya luego irá surgiendo una historia desgarradora de muerte y exilio forzado, producto de los años desgraciados del terrorismo de estado que asoló por varios lustros a nuestra América Latina. Terror de la que Marcelo no fue ajeno y sufrió en carne propia, lo que lo llevó a ocuparse del asunto de las violencias de muchas maneras. En producciones académicas, con el trabajo con víctimas del terrorismo de estado y también con poblaciones vulneradas. Modo creativo y elaborativo de procesar el terror. Poner palabra donde no la hay o escasea. Publicará en 1993 junto a su esposa el libro: *Fracturas de memoria: Crónicas para una memoria por venir*, así como numerosos artículos sobre la temática de la tortura y su especificidad como trauma. Las reflexiones sobre este tipo particular de violencia lo condujeron al estudio de otras violencias, pasando a ocuparse de las niñeces y adolescencias en situación de vulnerabilidad social, en particular de los menores infractores (Viñar, 2005)

El psicoanalista del siglo XXI

Ya sea en espacios académicos como en los de difusión tenía la capacidad de trasmitir cuestiones profundas sin banalizar las complejidades. Insistía en la definición del humano como ser hablante que se autointerroga y se autoteoriza. Su predilección por el diálogo con historiadores de fuste le permitieron una singular puesta en perspectiva del sujeto. Se asombraba, con auténtica perplejidad, de la aceleración de los cambios societarios y se preguntaba acerca de sus efectos en el psiquismo. De los tiempos lentos y pausados de una sociedad con un sistema de producción artesanal, se pasa luego por la primera aceleración de la era industrial, mostrada de manera magistral por el film Tiempos Modernos de Chaplin, para terminar finalmente en la época digital actual con su vertiginosidad y entonces instala el interrogante ¿Cómo nos cambia un mundo que cambia? Su perspectiva teórica supone un yo que se constituye correlativamente con el nosotros. Define al animal humano con una diferencia específica en relación a las otras especies, su cualidad de hablante con capacidad simbólica que le permite interrogarse. Nos diferenciamos de los animales por algo específico como ser hablante que se interroga. En una entrevista realizada para La palabra y el vínculo, programa de podcast conducido por Ruiz (2020) expresará: "nacemos cuadripléjicos y afásicos, adquiriendo las habilidades para caminar y hablar a eso de los tres años. De 0 a 3 es la etapa del infans. Antes se creía que el sujeto se creaba y luego se vinculaba". Destacará que antes del hecho biológico de la concepción hay una leyenda previa que marca y condiciona el advenimiento del sujeto. En esa misma entrevista se referirá a las profundas modificaciones de la familia judeocristiana occidental iniciadas en el siglo veinte y aceleradas en este milenio. Expresará que lo delegado en la religión y la caída de los discursos normativos, llevan a romper el modelo tradicional del hombre como jefe, como amo. La entrada de la mujer en el mercado laboral en función de la posibilidad de controlar la natalidad determina no solo que la función doméstica se comparta, sino que la ausencia de la mujer en el hogar conduce a una socialización temprana de los niños. "Mi infancia fue una infancia doméstica con predominio endogámico durante varios años. No es la de ahora. Ya son minoría las familias donde el hombre sale para traer el dinero y la mujer queda en casa al cuidado de la prole. La construcción de la personalidad se da en el lazo social, primero de la familia, luego del socius". La socialización que antaño se institucionalizaba con el ingreso a la escuela a los cinco o seis años hoy se da sobre los dos años, a veces incluso antes. Contraposición de momentos históricos que habilita la interrogación acerca de sus efectos en la constitución subjetiva en la actualidad.

En esta misma entrevista, realizada por pantallas en pleno confinamiento pandémico, el conductor le preguntará sobre el efecto de las mismas en el mundo actual. Marcelo una vez más elige ubicarse en un lugar de incertidumbre:

> es importante pensar el futuro con signos de interrogación y no como profecía. Hay una imagenología futurológica, necesaria de hacer, porque es una especie de brújula que orienta en el camino, pero como a Colón, que salió para las indias y descubrió América. (Viñar, 2020)

Esta era otra de sus genialidades, el uso permanente de metáforas lúcidas que podían hacer comprender una determinada perspectiva o concepto mejor que cualquier texto especializado. Pensaba que el vértigo civilizatorio y la velocidad de los cambios ponían en riesgo al tiempo reflexivo, considerando que en esta época el tiempo del aburrimiento está más perdido. El aburrimiento es un momento necesario para el psiquismo y por eso caracterizaba a la actualidad como un tiempo epiléptico.

Interrogado acerca de la función del psicoanalista en la actualidad, responderá que el posicionamiento psicoanalítico supone dar lugar a lo distinto, a lo ajeno, a lo extranjero, subrayando que la transformación no es del ayer sino del mañana. La interpretación alude a un pasado precursor pero apunta a un proyecto prospectivo. Cambiamos la percepción del ayer para cambiar el mañana.

El bombardeo de información permanente a que nos somete la *mass media* del mundo globalizado era algo que lo perturbaba. También a mí, a pesar de la diferencia generacional. Conversábamos sobre ello a veces. Ver una escena de horror como el derrumbe de las torres gemelas en Estados Unidos por un atentado suicida con dos aviones repletos de pasajeros, en tiempo real, junto a la posibilidad de apretar un botón del control remoto y pasar a mirar una bobería cualquiera de la que nos ofrece la TV seguramente tenga efectos en la constitución de las subjetividades actuales. "El hecho civilizatorio inédito de que mil millones de personas puedan asistir televisivamente, en vivo y en directo, en tiempo real tanto a la final del Mundial de fútbol como a las miserias de Siria o Gaza debe tener efectos". "Así, la tragedia humana se vuelve una fábula trivial" quedando el televidente en el lugar de espectador pasivo despojado de su condición de sujeto (Viñar, 2016).

La destrucción del hombre por el hombre fue

algo que lo interpeló siempre. Decía que era difícil abstraerse de la idea de un futuro catastrófico en virtud de una humanidad que no ha logrado convivir sin destruirse. Somos la única especie capaz de tener un comportamiento tan cruel con los congéneres. El terror funciona como una cosa de curiosidad atrapante. Asesinato y crueldad logra más taquilla en un mundo donde los ricos son cada vez más ricos y los pobres cada vez más pobres. No solo desde el punto de vista material sino del simbólico.

En "El enigma del traumatismo extremo" (2011), artículo escrito a partir de reflexiones sobre las consecuencia de la tortura en América Latina, se ocupará de la especificidad de la noción de trauma para el psicoanálisis que es distinto al de la medicina, por estar estructurado en dos tiempos. Uno es como el de la medicina y el otro difiere, es variable y hay que verlo en la singularidad, pero en el caso del terrorismo, se trata de un tipo particular de trauma, originado en un acto deliberado de un ser humano para destruir a otro ser humano. No se trata de una catástrofe natural o de un accidente, hay una intención conciente del acto. Acción de humanos contra otros seres humanos que genera odio y venganza. Somos la única especie capaz de tener un comportamiento tan cruel con los congéneres.

En el libro *¿Semejante o enemigo?* (1998), ya se había interrogado sobre ello hacia finales del siglo pasado. Consideraba que la especie humana genera diferencias, que la democracia del siglo XX formula como negociación de la enemistad. El reparto del poder sería la mejor forma para soportar al extraño, al extranjero. Opinaba que el fenómeno del racismo no era el más importante en un continente americano donde la mezcla racial es lo que predomina. Tomaba el término de aporofobia, utilizado por la filósofa Adela Cortina para referirse a la aversión al pobre. Acá el desdén y la violencia es hacia el pobre y el indigente. No ser nadie para nadie sería entonces en estas latitudes el temor más importante, siendo la segregación y la exclusión una problemática con consecuencias potencialmente devastadoras, en tanto nos humanizamos por pertenencias y lealtades.

Para finalizar mi homenaje a este querido maestro retomaré nuevamente sus propias palabras: *"Somos herederos. Pensamos a Freud, pensamos con Freud, pero cada quien se lo apropia e interioriza a su manera" (Viñar, 2020). Misterios de la trasmisión puesta en juego en el intercambio generacional de las filiaciones y las marcas identificatorias. Hemos perdido su presencia física pero la generosa escritura de sus ideas nos ofrece la posibilidad de continuar pensando el psicoanálisis del siglo XXI.*

Hasta siempre, maestro.

Referencias Bibliográficas

De Souza, N *(1995) El Dr. Mendilaharsu recuerda a Willy Baranger. Revista Uruguaya de Psicoanálisis Nro. 81. Teoría Hoy Pp 21 - 30*

Homenaje a Madeleine y Willy Baranger; la memoria viva; mito, historia y presente (1992). *Revista Uruguaya de Psicoanálisis, 76, 263 - 265.*

Viñar, M (1988) *Una historia "clínica". El hijo de un desaparecido en el exilio. Temas de Psicoanálisis Nro 9. pp 53 – 60.*

Viñar, M; Ulrikssen de Viñar, M (1993). *Fracturas de memoria: Crónicas para una memoria por venir. Trilce*

Viñar, M (1994). *Notas sobre la prohibición del incesto. En: Gil, D. (comp) 1994. Antiguos crímenes. Edipo - Narciso - Caín. Trilce.*

Viñar, M (1994). *¿Dónde comienza la historia de Edipo?. En: Gil, D. (comp) 1994. Antiguos crímenes. Edipo - Narciso - Caín. Trilce.*

Viñar, M (1995) *Para Willy Baranger. Revista Uruguaya de Psicoanálisis Nro. 81. Teoría Hoy. Pp 13 - 20.*

Viñar, M (1997*) Desde el saber del "Insight" al saber de la ciencia. Revista Uruguaya de Psicoanálisis. Nro 84/85.*

Viñar, M (1997). *Historia y Psicoanálisis: diálogo entre oficios. Revista Uruguaya de Psicoanálisis. Nro. 86.*

Viñar, M (comp. 1998*) ¿Semejante o enemigo?: entre la tolerancia y la exclusión. Trilce.Somos la única especie capaz de tener un comportamiento tan cruel con los congéneres.*

Viñar, M (2000) *El psicoanálisis en el vértigo de la mutación civilizatoria. La práctica psicoanalítica en el contexto actual. Revista Uruguaya de Psicoanálisis, Nro. 91.*

Viñar, M (2002). *Psicoanalizar hoy. Problemas de articulación teórico - técnica. Trilce.*

Viñar, M (2005) *Especificidad de la tortura como trauma. El desierto humano cuando las palabras se extinguen. Revista de Psicoanálisis de*

Viñar, M (2005) *Niños fuera de ley en Torres, M (comp): Niños y adolescentes en Uruguay: exclusión social y construcción de subjetividades. Trilce*

Viñar, M (2011) *El enigma del traumatismo extremo. Notas sobre el trauma y la exclusión. Su impacto en la subjetividad. Revista Uruguaya de Psicoanálisis. Nro. 113.*

Viñar, M (2016) *La memoria del terror: psicoanálisis, Shoah - tortura - desapariciones. Revista Uruguaya de Psicoanálisis. Nro 123.*

Viñar, M (2020) *Tiempos epilépticos, tiempos de reflexión. En Ruiz, N. La palabra y el vínculo. EP30. YouTube. Entrevista a Marcelo Viñar.*

Viñar, M (2020) *Pensando con Freud en el Siglo XXI. Yo y el otro en la formación analítica. Revista Uruguaya de Psicoanálisis. Nro 130/131.*

María Susana Martínez Ferreira

Licenciada en Psicología. UdelaR. Uruguay.
Máster en Psicoanálisis. APU
octora en Psicología. USAL (Buenos Aires).
Profesora Titular. Instituto de Psicología Clínica. FP - UdelaR.
Psicoanalista y experta en psicodiagnóstico.
Miembro de APU, FEPAL e IPA.

Últimas publicaciones psicoanalíticas:

Martínez, S (2024) Algunas reflexiones sobre la transmisión del psicoanálisis en la universidad. Revista Uruguaya de Psicoanálisis. Nro 139. Transmisión II.

Martínez, S (2023) La evaluación psicológica en el Uruguay en el período 1951 - 1984. En: Fernández, A.; Capocasale, A (resp). Infancias, pedagogías y saberes psi en el Uruguay de 1951 a 1984. Obra premiada en la categoría Ensayos de Ciencias de la Educación, otorgado por el Instituto Nacional de Letras en su convocatoria a Premios Nacionales de Literatura 2023.

Martínez, S (2023) (Resp.): Correa, V.; Luksemburg, I.; Malmierca, X.; Natalevich, P Aportes del psicoanálisis a la clínica actual. CSEP

Martínez, S. (2020) Dispositivos psicoanalíticos en la virtualidad. Revista Uruguaya de Psicoanálisis. Nro. 130/131. Otro Yo otro.

Filgueira, M; Martínez, S (2020) Psicoanalizar en tiempos de pandemia: ¿Posibilidad o utopía? En: Catz, H. (Comp.) Trabajando en cuarentena en épocas de pandemia y post - pandemia. Ricardo Vergara Ediciones.

Filgueira, M; Martínez, S (2020) Redes: ¿sujeción contenedora o atrapamiento mortífero? En: Catz, H (Comp.) Las redes humanas, lo humano de las redes. Ricardo Vergara Ediciones.

Martínez, S. (2018) Pobreza y desamparo. Efectos en el funcionamiento psíquico. Revista Uruguaya de Psicoanálisis Nro. 127. Desamparo

E-mail: licsumart@gmail.com; sumart@psico.edu.uy

Texto en acto
Reconocimiento de la implicación de Marcelo Viñar en la transmisión y en la formación de psicoanalistas

Magdalena Filgueira

A Don Marcelo Viñar, a quien conocí, y de quien supe, ha tenido el don de la trasmisión, don de habernos brindado lo que ahora hemos de dar, don de formador, aquel que brinda a un otro lo que éste ha de entregar.

Resumen

1. **Fragmentos de historia** *a través de conversaciones con Marcelo*

2. *Implicación y efectos en la* **Formación de psicoanalistas***: en lo subjetivo, intersubjetivo y transubjetivo.*

3. *Concepciones en torno a* **Políticas institucionales:** *en la Asociación Psicoanalítica del Uruguay (APU), proyecto y programa de formación en la Federación Psicoanalítica de América Latina (FEPAL) en múltiples intercambios con las sociedades componentes y promociones de nuevas asociaciones, en la IPA gestor y promotor del Modelo Uruguayo.*

4. *Ideas centrales respecto a la* **Transmisión del psicoanálisis**

Fragmentos de historia a través de conversaciones con Marcelo

Marcelo Viñar nace en Uruguay, en el departamento de Paysandú en 1936 cuando comenzaba la segunda guerra mundial, en el seno de una familia judía, condiciones de origen de las que nunca renegó, por el contrario no perdía la oportunidad de reivindicarlas con orgullo y con humor, sobre todo su ser 'sanducero'.

Recuerda Viñar que su primer acercamiento al psicoanálisis fue, cuando un equipo interdisciplinario de pediatras, pedagogos y licenciados en psicología, que poseían una concepción de la subjetividad desde una perspectiva psicoanalítica, reunidos en torno al doctor Marcos que trabajaban en el entonces Hospital Pedro Visca, se trasladó y realizó jornadas en el litoral del País. Quedó fuertemente impactado por cómo estudiaban e indagaban la vida emocional, las expresiones somáticas y dificultades en el aprendizaje en la niñez y adolescencia.

Promediando la década de los años 60 "cuando estudiaba medicina y andaba en bicicleta" acontecen en su vida dos hechos fundamentales, uno es que conoce a Maren Ulriksen, su compañera de vida y peripecias, madre de sus hijos y el otro es que inicia su análisis, siendo derivado por el doctor Juan Carlos Plá a tenderse en el diván de otro doctor Juan Carlos, Rey, cuatro veces por semana, confesándonos: "me zambullí en aspectos oscuros, desconocidos, locos, de mí mismo. Cumplí con el encuadre como un militante, trabajé, ahí ya tenía una motito y vivía en Punta Gorda. Luego comencé otro análisis con Willy Baranger, didacta fundador de APU, con quien me fui empapando de la formación psicoanalítica".

Relata que se vivían aún con intensidad y por varios años más, las ondas expansivas de la influencia de los analistas bonaerenses de la Asociación Psicoanalítica Argentina (APA) en relación a los cuales los didactas de APU se habían formado. El matrimonio Baranger tendía puentes entre ambas márgenes, invitando a psicoanalistas a venir a Montevideo con frecuencia, tal fue la situación de Bleger, Pichón Riviere, Arminda Aberasturi, así como Mom y Rodrígué "aquel era dogmático, este último más milonguero", lo cierto es que "despertaban pasiones formativas".

Diseminación del psicoanálisis como con "cierto manual de instrucciones, estereotipos en derredor del kleinismo, en que no había lugar para la incertidumbre, lo que luego provocó movimientos de desidealización de esa experiencia". Recuerda que muchos de los analistas didactas "generaban una verdadera cumbre admirativa".

Siendo aún estudiante de medicina, su analista Baranger, le indica que "el año que viene usted va a entrar a los seminarios". Fue así que Viñar se encontró, como él nos manifestara: "estudiando obstetricia, y los sueños, pediatría y la primer tópica freudiana. Estudiaba con Luisa de Urtubey, algún trabajo incluso lo escribía ella. Me hallé estudiando con esa tercera generación de analistas de APU, con Sélika y Carlos Mendilaharzu, Con Müller, Paciuk. Decidí supervisar con José Bleger en Buenos Aires por lo que también yo viajaba semanalmente. Encontré en él algo más cercano, una afinidad mayor y le debo el haber permanecido en el psicoanálisis, aunque me sabía aprehendiendo a los tumbos".

La educación de los analistas era en base a "una verticalidad absoluta, en la cima se ubicaban los didactas de más experiencia como el matrimonio Baranger, luego se posicionaba una línea media y por debajo los candidatos, cuales niños que miran". Sopesando algún beneficio en la rigurosidad de esa verticalidad, pero viviendo el intenso malestar que provocaba, la APU fue pensando y concibiendo diferentes vías en la formación, considerando el modelo de la co-gobernanza, con el valor argumental de que las más logradas discusiones y mejores decisiones, son aquellas en las que participan todos los involucrados, que en el modelo del cogobierno universitario son los tres órdenes: docentes, estudiantes y egresados de la Universidad de la República".

Fue con Marta Nieto como Directora del Instituto de psicoanálisis de la APU, junto a fundadores como Koolhaas, Laura Achard, Mercedes y Héctor Garbarino, ya en los años de mil novecientos setenta, que se va produciendo la transformación del Instituto y de su gobierno, en la conformación de la propia Comisión de Enseñanza, desmontando el verticalismo y moviendo la fijeza de cúpulas. Los analistas en formación integrarán, a través de sus representantes, dicha

Comisión, sean aquellos que se hallaban en los inicios, los avanzados e incluso los egresados. Se va transformando el trípode formativo, -el del análisis personal, los seminarios teóricos y la supervisión de material clínico-, se van abriendo desde la APU junto a movimientos de psicoanalistas regionales, los modelos imperantes en la Asociación Psicoanalítica Internacional (API), el Modelo Eitingon, anglosajón hegemónico y el Modelo Francés, logrando finalmente que se constituya y apruebe un modelo desde una asociación de Latinoamérica: el Modelo Uruguayo. [4]

Implicación y efectos en la formación de psicoanalistas: en lo subjetivo, intersubjetivo y transubjetivo.

Marcelo Viñar se vio implicado en los procesos de cambio del plan de estudios y formación de los psicoanalistas uruguayos en esas décadas del siglo pasado, que fueron largos, con pliegues, idas y venidas hasta la

[4] En un primer período, que va desde la fundación hasta 1972-74, la formación de psicoanalistas está dirigida por el Director de Enseñanza de la A.P.U. y llevada adelante por los analistas didácticos. Estos últimos centralizaban las tres funciones formativas: análisis didácticos, docencia en seminarios y supervisiones curriculares, al mismo tiempo que eran quienes autorizaban a sus analizandos a ingresar al Instituto. En el período 1972-74 a partir de la formación de un grupo de estudio que trabajó sobre la formación y la estructura institucional, integrado por representantes de todos los niveles dentro de la A.P.U. y el Instituto, se produjeron cambios radicales en su estructura y en los planes de formación. Es en este momento que se inicia una activa participación institucional de candidatos y egresados del instituto, lo que se va a mantener en el futuro. La Comisión de Enseñanza pasó a estar integrada también por candidatos y la concentración de funciones en los analistas didactas se sustituyó con la creación de Grupos de funciones didácticas (Grupo de Analistas del Instituto, Grupo de Supervisores y Grupo de Docentes). Recuperado en: https://apuruguay.org/wp-content/uploads/2021/08/Modelo-uruguayo-Instituto-de-Psicoanalisis.pdf

aceptación por parte de la API del Modelo uruguayo, ya en el siglo XXI. Participa activamente en los argumentos y en la fundamentación de las innovaciones en los reglamentos que surgen como producto de la reforma del Instituto de Psicoanálisis de APU de 1974. [5]

He de colocar aquí algunas piezas que la historia del psicoanálisis le reserva a él. En el proceso de fundación del Archivo Histórico Documental de la APU, que llevó a cabo la Comisión de Publicaciones (2018-2020)[6], y que tuve el privilegio de dirigir, revisamos una serie de publicaciones y documentos, dentro de los cuales nos sorprendió la alusión a un telegrama dirigido al Señor Presidente de la Cámara de Diputados y del Senado, Montevideo, Uruguay y reza así: "Estamos preocupados en lo que respecta al Dr. Marcelo Viñar, miembro de la Sociedad Uruguaya de Psicoanálisis, encarcelado sin acusación y sin juicio en Montevideo. La violación del secreto profesional del cual el Dr. Marcelo Viñar ha sido víctima constituye un atentado a los derechos del hombre (derecho del enfermo a ser asistido sin ser entregado a la policía), que no puede dejar indiferentes a los médicos, psicoanalistas, intelectuales y demócratas

5 Actas del Instituto de Psicoanálisis. Setiembre 11 de 1974. La Directora Marta Nieto comunica los cambios en la formación de los analistas. "La Comisión de Enseñanza se dirige a Ud. a los efectos de informarle sobre algunas características de la formación analítica tal como se procesa actualmente en nuestra Asociación, según algunas modificaciones introducidas, a propuesta de la Comisión de Enseñanza en la Asamblea Ordinaria Anual de la APU, efectuada en octubre ppdo. y puestas en marcha en el presente año.

6 Comisión de Publicaciones de APU 2018-2020: Magdalena Filgueira, Corina Nin, Claudio Danza, Soledad Sosa, Beatriz Silva y Gabriela Porras, bajo la presidencia de APU de Gladys Franco.

de ningún país". Fechado 19 de junio de 1972. Sorprendente es también quienes lo firmaron dado que se lee que fue rubricado por Gilles Deleuze, Michel Foucault, Roger Gentis, Horace Torrubia, Octave y Maud Mannoni.[7]

El petitorio por la vida de Marcelo obedeció a que había sido secuestrado por las Fuerzas Armadas sin que se supiese su paradero, un año antes de que el gobierno militar de facto disolviera completamente el sistema democrático e ingresara al País el siniestro proceso dictatorial.

Maud y Octave Mannoni exhortaban por Viñar dado que se conocieron cuando ellos estando en Montevideo, habían dictado seminarios en el seno de la APU en abril de 1972 [8] . Marcelo junto a varios analistas de la Asociación concurrieron a esas ponencias e intercambio, y como él mismo expresó en el prólogo de la publicación que los publicó en 2020, la distancia entre la hegemonía del kleinismo inglés introducido en el Río de la Plata, y el pensamiento francés que ellos traían, -con la prioridad del Otro, en una infancia deseosa y necesitada de amparo-, promulgaba una dialéctica intersubjetiva distinta, lo que produjo fenómenos disruptivos y desconcertantes respecto a las certezas imperantes, lo cual varios vivieron como un aire renovador y otros como una herejía.

---

7 Revista Uruguaya de Psicoanálisis (1971-1972) Tomo XIII. N°1. Sección: notas e informaciones.

8 Maud y Octave Mannoni. Seminarios en Montevideo, 1972. Biblioteca Uruguaya de Psicoanálisis. Volumen 11. 2020.

El vínculo con Maud y Octave se mantuvo durante años, con varios psicoanalistas uruguayos y de múltiples formas, voy a destacar un gesto y movimiento más que ellos realizaron para lograr saber de Viñar, cuando fue detenido y ellos intentaron desde París, colaborar con su liberación. Maud se dirigió para eso al mismísimo Jacques Lacan, por entonces ambos miembros de la Escuela Freudiana de París, para solicitarle que le hablase al embajador de Uruguay en Francia. [9] Cito textual la entrevista publicada que se le realizara a Maud , titulada "Uruguay en el tiempo del desprecio" y en la cual se le pregunta cuáles han sido las gestiones que están realizando por los hechos ocurridos en Montevideo, ella responde: "Conocimos al doctor Viñar durante nuestra estada en Montevideo, iba justamente a asistir al IX Congreso Latino Americano de Psicoanálisis de Caracas, del 16 al 21 de julio presentando un trabajo titulado "Incidencia de la realidad social en el trabajo analítico" que tengo aquí." Maud sigue diciendo en la entrevista: "Al conocer las circunstancias de su detención y el hecho, sumamente grave, de que durante el allanamiento realizado en su casa se llevaron los archivos y las fichas clínicas de sus pacientes, lo cual es una violación gravísima del secreto profesional garantizado por el derecho internacional, enviamos de inmediato un telegrama al presidente de las Cámaras de Diputados y de Senadores". Continua: "Puede usted leer las firmas

9 El relato de estos hechos se encuentra en una entrevista que le realizara Sophie Magariños a Maud Mannoni, en el seminario Marcha. 21 de julio de 1972.

Gilles Deleuze, Michel Foucault, Roger Contis, Horace Torrubia, mi marido y yo misma" Agrega: "Pero esto no es todo. El profesor Jacques Lacan, director de la Escuela Psicoanalítica de París y mundialmente conocido, que se había negado siempre a cualquier gestión que implicase un gesto político, pidió por mi intermedio una audiencia al representante de Uruguay en Francia para entregarle una nota al respecto". Sonriendo dice: "Oh, con respecto a la embajada fuimos tratados bastante mal, al pedir la entrevista con el embajador, el 4 de julio". Finalmente acota: "La persona que atendía el teléfono de la embajada no debía ciertamente saber quién es el profesor Lacan" [10]

En una de la tantas veces que tuvimos la sabrosa experiencia de poder conversar con Viñar en su casa en el barrio de Punta Carretas, saboreando ensaladas en la sala comedor de su casa en que combinaban vegetales con frutas, o en su consultorio, hablando a través de una muralla de libros y múltiples objetos, mate en mano nos dispusimos, en esa oportunidad a conversar sobre estos episodios de la intelectualidad franco- uruguaya. Marcelo se sonrió al decir: "Lo mejor de ese cuento es el final, el conserje de la secretaría del embajador uruguayo en París no tendría la menor idea de quién era el doctor Lacan… pero a mí de Paysandú, seguro que me conocía".

Marcelo con su bonhomía colaboraba con toda

---

10 Uruguay en el tiempo del desprecio. Entrevista de Sophie Magariños a Maud Mannoni. *Marcha.* 21 de Julio de 1972. p. 22.

deconstrucción mítica, ¡cómo ayuda ese gesto! posición de los maestros de permitir ser trascendidos, generando ondas que movilizan a las instituciones, abren la libertad de investir, ilusionar, pero al resguardo de saber que ello es pasajero, y sin que la transitoriedad desmerezca la experiencia, muy por el contrario poseen el don de elevarla a la altura de lo festivo, sostener lo emotivo de vivenciar, de descubrir, de inventar y novelar, es decir de sublimar, posibilidad que, de no ser desechada, nosotros ahora poseemos.

Viñar transmitió que lo palpitante de lo humano está en el *entre*, al inicio entre el sujeto naciente y el mundo; que no habrá alma, psique, aparato psíquico, mente -aun en la vaguedad que estas nociones y la terminología tiene- que no sea en el entre dos cosas bien heterogéneas- el *infans* y el mundo. Una es endógena y otra exógena, con fuerzas centrípetas y centrífugas, entre las que el sujeto en ciernes se proyecta para tratar de comprender el mundo. Es una permanente construcción deconstrucción desde que nace hasta que muere. Cuando comienza a vivir en el baño de cultura en la que nace, dispone potencialmente de toda la plasticidad para adquirir todos los fonemas de cualquier lengua, posee la capacidad de incorporar e ir adquiriendo la gama de sonidos de todas las lenguas, pero integrará los de su lengua materna. El niño es captado por ella y con el paso del tiempo gana en trayectoria y experiencia, pero irá perdiendo esa plasticidad para aprehender otros fonemas: "Cuando con mis hijos nos fuimos al exilio, era indignante la rapidez con que ellos aprendieron el nuevo idioma y la diferencia con que su madre y yo lo podíamos hacer". Hablar no es deletrear, hablar es habitar una lengua.

Transmitía Viñar una perspectiva constructivista del sujeto, una perspectiva no esencialista, del ser humano entre humanos, apostando y condenando la fijeza que pudiera concebir lo dado de una vez y para siempre. La pregunta es cómo juega lo singular y lo colectivo en lo que llamamos psiquismo, colocando la prematurez del cachorro al nacer en ese radical desvalimiento, que ya Freud planteó como desvalimiento inicial y que Lacan recuperó, para transformarse en prioridad, atravesando el transitivismo y los fenómenos de transicionalidad.

Solía iluminar la discusión y la teoría con recuerdos propios, salpicaba las anécdotas con especias de una aroma contextualizada en una jerga analítica de cercanía con el prójimo y con humor inapelable. La humorada acompañaba la discursividad que movía el surco de los labios generando en las comisuras, con su cuidadosa ironía, sonrisas. Podemos incluso recordar el tratamiento que le brindaba a las cosas más duras, valiéndose del aire seductor de su talante, en el centro del cual colocaba la sencillez de la des-idealización del pasado, de las teorías, de las instituciones, de los fenómenos, de las personas, comenzando muchas veces por sí mismo.

Fue partícipe de los intercambios en APU respecto a la interpelación y desagregación de la categoría de analista miembro titular y didacta, categoría que una vez que se conquistaba permitía ejercer todas las funciones en ramillete unificado y por siempre, en forma imperecedera. Categoría que centralizaba el poder formativo en determinados analistas, y que la gesta de la que él participó logra espigar, fragmentar para distribuir dicho poder, produciéndose una apertura a los grupos de 'funciones didácticas'. Tanto el analista que ejerce cierta función como el grupo de función de pertenencia, deberán revisitar periódicamente en sus reuniones, el desempeño de la tarea, en una doble vertiente la subjetiva, propia de cada analista, y la de los pares en cada grupo; es decir el poder distribuido en las dimensiones subjetiva e intersubjetiva. Se separan las funciones didácticas y se conforman grupos de trabajo que investigan los problemas teóricos y entienden en los requerimientos prácticos y organizativos inherentes a su área específica.

La perspectiva es que cada grupo diseñe su propio campo problemático y de investigación, la admisión y la formación de nuevos miembros, el trabajo de intercambio de experiencias coherencia y ciertos consensos en los criterios del quehacer singular. Programa renovado que posibilita que, las funciones fundamentales del Instituto, junto a conflictivas que inevitablemente se suscitan en la interna de la Asociación y/o en la esfera internacional, tengan la oportunidad de ser abordadas para su resolución.

Otro importante cambio del cual Viñar fue un activo defensor, consistió en separar el análisis personal del analista en formación, de toda otra injerencia institucional, sobre todo en la no intervención del psicoanalista en ninguno de los pasos o etapas momento del proceso formativo. Desde el ingreso hasta el final del tránsito deja de depender de toda evaluación o intervención de su analista, pasando a ser función de una comisión el aceptar la solicitud de los postulantes a la formación.

El Modelo Uruguayo tuvo influencia y efectos a nivel transubjetivo, en el medio psicoanalítico uruguayo en sentido amplio y a nivel regional propiciando reflexiones regionales, provocando discusiones en las diferentes organizaciones en América Latina.

Marcelo Viñar sostuvo con firmeza que es desde su autóctona geografía, desde su antropología, desde sus realidades sociales y los fenómenos políticos propios, que el psicoanálisis y la formación de analistas es posible en Latinoamérica. Esto implica revisar los requisitos formales, el reglamentarismo de la "meca londinense" que supo tener en las márgenes rioplatenses un peso y valor absoluto. Ha afirmado con nitidez que generar en su momento "consensos y acuerdos en qué es y qué no es psicoanalítico no era nada sencillo".

Concepciones en torno a políticas institucionales

La Asociación Psicoanalítica del Uruguay en su conjunto, y Viñar en particular, fomentaron la organización de las sociedades latinoamericanas, en los años en los que hago foco en este texto, el órgano era el Consejo de las Organizaciones Psicoanalíticas de América Latina (COPAL). Citaré un punto relevante en los orígenes, cuando las presentaciones en los congresos era en base a relatos oficiales de las asociaciones, escritos por grupos de analistas. En ese marco se escribe que es preciso: "Establecer periódicamente una confrontación de la técnica utilizada predominantemente en las diversas organizaciones psicoanalíticas que constituyen COPAL."[11] A continuación: "Finalmente, más implícita que explícitamente, nuestros esfuerzos apuntaban a un objetivo más ambicioso, por cierto a largo plazo, como sería el obtener de las discusiones y relatos una progresiva aproximación de los diversos puntos de vista sobre técnica, unificando en la medida de lo posible, el pensamiento latinoamericano a este respecto". [12]

Unos años después COPAL se transformará en la FEPAL, Federación Psicoanalítica de América Latina, que Marcelo Viñar presidiera del 2000 al 2002, y que como tal constituye, junto a la de Norte América, Europa y la novel federación de Asia- Pacífico, una de las hoy cuatro federaciones regionales de la Asociación Internacional.

En ese proceso de deconstrucción, grandes unanimidades se fueron disolviendo, con lo que APU

---

11 Relato de la técnica basado en el material clínico. Pinto Ribeiro, R. Zimmermann, D. Wagner, S. (1968) Revista Uruguaya de Psicoanálisis. Tomo X. Números 3 y 4. pp. 201-210.

12 Idem.

fue ganando en lecturas y desarrollos de varios autores nacionales, fue reconsiderando una y otra vez procesos psicoterapéuticos diversos, fue dialogando con fundadores de instituciones educativas, sus miembros integraron cátedras universitarias, fue conectando con quienes propulsaban prácticas preventivas basadas en la creatividad y la expresión, es decir la APU como institución y sus miembros se acercaron a dispositivos generados en nuestro medio, desde la concepción de subjetividad psicoanalítica, desarrollados en escenarios grupales.

Es claro que la atmósfera que se respiraba era la de esperanzada creación de un mundo y hombre nuevo, justo, solidario, que dejaría definitivamente los horrores de la segunda guerra mundial atrás, emergiendo una ilusión humanista, constructivista con las revoluciones político- sociales centroamericanas de los años siguientes al frente. La adhesión firme de Marcelo a esos fenómenos sociales revulsivos y convulsivos lo condujo posteriormente junto a Maren y sus hijos al exilio en París.

La atención e implicación prestada por un conjunto grande de analistas de APU y por Marcelo junto a ellos, a los fenómenos revolucionarios de las décadas de los años sesenta y setenta dejó marcas en la formación de los psicoanalistas. Citaré un texto a ser presentado en el VII Congreso Latinoamericano en la ciudad de Bogotá en 1969, que se titula justamente "Crisis social y situación analítica" y muestra ese compromiso entre las dimensiones de los sujetos, los grupos y las sociedades:

"Por conmoción social entendemos la eclosión aguda en el ámbito de la sociedad de una crisis de desarrollo lento y larvado que distorsiona sus esquemas de relación. Sobre este fondo ocurren episodios de tal violencia e intensidad que alcanzan el nivel de "hecho ineludible" por ejemplo: muerte de estudiantes en la represión de manifestaciones, allanamiento y sitio militar en la Universidad de la República, encarcelamiento de estudiantes, dirigentes gremiales y clausura de periódicos". Más adelante: manifiestan: "Pensamos que el país en que vivimos y su momento histórico social, integran el sistema de objetos de nuestros pacientes y de nosotros mismos. Pueden ser valorados de distinta manera, pero esta valoración sea cual sea incide en el campo."[13] El intento es de una profunda articulación con las teorías psicoanalíticas imperantes, con raigambre en las concepciones de Melanie Klein, con el concepto de campo bipersonal, propuesto por Willy y Madé Baranger.

Ideas centrales respecto a la transmisión del psicoanálisis

Viñar trabajó con intensidad y en extensión dada la cantidad de presentaciones, textos y artículos que escribió para referirse a los Modelos de Educación, en la intrincación de dichos modelos con la clínica psicoanalítica. Se consideraba un heredero y era desde allí que recogía al tradición, como conservadores de la riqueza

---

[13] Crisis social y situación analítica. (1968) Achard de Demaría, L. Pereda Valdés, A. Casas de Pereda, M.Plá, C. Viñar. Ulriksen de Viñar, M. Revista Uruguaya de Psicoanálisis. Tomo X. Números 3 y 4. pp 231-239.

del camino recorrido, atesorando que el psicoanálisis ha sido uno de los grandes relatos del S XX, a la vez que abogaba por la novedad, consintiendo con el rupturismo de la innovación cuando los cambios societarios y culturales desbordan y cambian las claves de decodificación de la Viena freudiana de principios de siglo.

Habilitó de múltiples maneras a las nuevas generaciones de analistas a pensar y 'psicoanalizar hoy' a no acunarse y deslizarse fácilmente en los discursos y teorías ya existentes y legitimadas por cierto. Convocó a tomar y fundar riesgo en posiciones discursivas singulares y propias, que levantasen nuevas voces sobre las viejas sujeciones al poder y la tradición. "Pensar por uno mismo en diálogo abierto con quien ha pensado antes, con el predecesor, es un rasgo universal de la condición humana, no sólo de la transmisión del psicoanálisis. Pero es menester no usar las verdades consensuales como abrigo o refugio de las buenas costumbres de antaño, sino estar siempre disponibles a auscultar una realidad, que siempre es inédita y se nos escapa, siempre es errática e inabarcable".[14]

Reflexionó agudamente sobre el Encuadre en el dispositivo psicoanalítico, rescatando la hondura que el debate sobre los modelos de educación de la API, abogando por ensancharlo y no enfrascarlo solo en una cuestión de frecuencia semanal de sesiones, prefirió conducirlo y entramarlo con las dificultades actuales o

---

14 Marcelo Viñar. Exposición en Río de Janeiro, marzo de 2006.

de antaño, para poder construir las condiciones de un espacio psicoanalítico. El encuadre solía manifestar Viñar es un artificio inventado para promover y fomentar el desarrollo de un proceso analítico, con la irrupción y elaboración de ese vínculo insólito que es la relación transferencial: "… en la que se suele transitar en la cornisa entre racionalidad y delirio". (Idem) Es en los límites de esta alienación controlada que se distingue la función analítica, de la actividad pedagógica y sugestiva.

Marcelo solía decir que si recurrimos a los reglamentos en la formación, es porque las cosas van mal, se podría interpretar como signo de que la conflictividad inherente y consustancial a la trama y drama de la escena analítica, se estaría saliendo de ella y derrapando, derramando hacia el reglamentarismo. Las reglas de esa escena son la libre asociación del analizante y la atención flotante del analista, lo que la distingue de cualquier otra, y contrasta con cualquier otro diálogo humano.

Marcelo, habilitador de nuevas generaciones y benevolente al considerar que quizá en esta época de vértigo civilizatorio, construir las condiciones para que un análisis se desenvuelva, puede ser más difícil, por lo cual más plasticidad debiera tenerse en la formación de los jóvenes psicoanalistas, para que puedan analizar y analizarse.

Sean las palabras, que le dedico en este libro que le rinde homenaje, un fundamento, sea por lo expresado en este apretado texto mío que celebra su honorabilidad, sea por ello y por lo que Don Marcelo Viñar sembró y cosechó en la viña del señor, sea por eso un psicoanalista contemporáneo.

E-mail: mfilgueira.mefe@gmail.com

De los nombres de Marcelo

Elizabeth Chapuy
Mónica Santolalla

El hombre es un ser precario, complejo, doble o triple, habitado por fantasmas, espoleado por apetitos, roído por el deseo, espectáculo prodigioso y lamentable; cada hombre es único y es muchos que él no conoce: el yo plural.

Octavio Paz (discurso al recibir el Premio Cervantes de Literatura 1981).

Marcelo criticaría ponerle este título a un capítulo dedicado a su obra y legado, lo compensamos con la cita de Octavio Paz que él apreciaba. Aun así, y haciendo uso de la herencia que la tristeza por su partida va donando, nos atrevemos a mencionar la idea de Lacan en su último seminario acerca de los nombres del padre. Ya no hay un nombre, ya lo uno está perdido, y lo que queda es el plural de la diversidad. Lo ineludible de la partida marcó esta postdata y cada uno de los que estudiamos, aprendimos, compartimos vida con Marcelo irá apropiándose de la herencia por él legada.

En esta línea de pensamiento es que tomamos un tema que Marcelo atesoraba: su preocupación por el mundo simbólico y los cambios vertiginosos.

Con esta temática en su valija volvió a Francia,

específicamente a Lyon, con un público francoparlante, siendo ya un Marcelo diferente al que llegó en 1976, exiliado y desbastado. Retornaba a Francia, invitado a un coloquio muy importante, donde se mediría con gente de la talla de René Kaes. Revisitó el tema de la simbolización durante mucho tiempo. Lo discutió, lo borró y lo volvió a escribir infinitas veces, tantas como la incompletud de lo simbólico le fue permitiendo.

Porque de eso trataba su texto. Y nuestra propuesta hoy es leerlo, con el espíritu crítico y hereje que él nos transmitió en todos los años compartidos.

Frente a la propuesta programática del congreso en Lyon (2014): "Las diversas formas de psicopatología comportan alteraciones (atteintes) a la función reflexiva que caracteriza los nexos simbólicos y fracasa en articular realidad interna y externa" Marcelo se pregunta: ¿Es esto lo que se llama la incompletud de lo simbólico? ¿Existen entonces dos tipos de simbolización: una fundadora y estructural, y otra mórbida ligada a la psicopatología?(Viñar, M., 2014.p.2)

Vayamos por parte. Bordear el concepto de incompletud de lo simbólico es cuanto menos, un camino poblado de sombras oscuras y piedras: "La incompletud se realiza mucho más allá del campo lógico que permitió cernirla, incluso si, por otra parte, no es cuestión de encontrarla de ese modo, puesto que al contrario los procesos discursivos se esfuerzan en dejarla de lado, apartando tan atentamente como pueden toda falla que permita mermar su racionalidad, lo que llegan a hacer sin demasiado problema al precio de inscribirse en el orden de la representación, en el orden del signo que representa algo para alguien" (Le Gaufey, G., 2012,p.111).

Para Marcelo, un analista que encarna la posición analítica, las formas discursivas son las herramientas básicas de su arte, su materia prima, que permite pensar con objetos ausentes, pasar de la presentación a la representación, es decir, el advenimiento al orden simbólico: "...el termino simbolizar es multívoco, tiene muchos usos y acepciones, y quiero citar mis fuentes. En sus raíces simbolizar es convocar la presencia de lo ausente. Pasar de la percepción a la representación, de la sensorialidad al pensamiento. Noam Chomsky la llama capacidad recursiva del pensamiento humano y la considera una frontera distintiva entre inteligencia humana y animal, siendo ésta última solamente adaptativa y situacional" (Viñar, M., 2014, p.5).

La situación se complejiza cuando se plantea las transformaciones en los procesos de simbolización (o en los símbolos que la componen) así como en los sufrimientos y malestares subjetivos de cómo nos cambia un mundo que cambia (Viñar, M., 2018, p.9) donde se implican procesos de des-simbolización y a-simbolización ubicados como lo mórbido, el derrumbe, la caída, la descomposición y lo descarnado: "No tengo herramientas conceptuales para trabajar las articulaciones entre revolución digital y cambios en la mentalidad o sensibilidad. Hasta hace poco tiempo (un segundo en la historia), teckné y mentalidad eran territorios heterogéneos y autónomos. Hoy, por el contrario, se trenzan en procesos interactuantes" (Viñar, M.,2018, p.17).

Marcelo insistía en posicionarse como interlocutor y testigo de la época: "me parece una distinción capital y un aporte del freudismo" repetía a quienes quisieran escucharlo.

Angustias de la incompletud

El pensador Marcelo, atravesado por los paradigmas de la complejidad, aceptaba la incompletud de lo simbólico como un hecho de estructura que nos condiciona sin apelación.

En la línea de la imperfección del mundo simbólico, Marcelo podía visualizar y acariciar las fallas entre las teoréticas psicoanalíticas que difícilmente podían corroborarse en observaciones tangibles, no sin pasar, desde su lugar de psicoanalista por los entreveros de las angustias que cercenan los deseos de certezas. Él veía las fallas e inconsistencias en las teorías psicoanalíticas, su proverbial disposición para seguir los vaivenes de la época junto a su espíritu de hereje no le daban tregua para encontrarse con una clínica que se resistía a ser encapsulada.

Se haya aquí con lo que Le Gaufey (2012) expresaba: "No basta en efecto con una decisión metafísica- por más audaz que haya sido- para mandar a paseo al infinito. La menor cuantificación que nos permita el decir (y escribir) que tal letra vale por "todo" número corre el riesgo de reintroducirlo de inmediato. Y esta reintroducción, para terminar, se hace una vez más a expensas de la univocidad".

Marcelo, quien se posicionaba como un polifacético mestizo, combatía la univocidad que le cerraba el paso al error, sin embargo, las oscilaciones a las que conduce chocar con el impedimento de la univocidad sin falla lo impacientaban.

En las postdatas de la oscilación Marcelo tropezaba con su propia impaciencia: "Hoy hemos admitido el enigma infinito de lo real, hemos renunciado a la coincidencia del objeto de estudio con lo que nuestro intelecto aprende (el ideal agustiniano de la Adaequatio rei et intellectus) y nos resignamos a un amplio resto enigmático para cualquier observación o inteligibilidad" (Viñar, M., 2014, p.4).

Si volvemos a su pregunta inicial en Lyon: ¿Es esto lo que se llama la incompletud de lo simbólico? ¿Existen entonces dos tipos de simbolización: una fundadora y estructural, y otra mórbida ligada a la psicopatología? (Viñar, M., 2014, p.1) nos adentramos allí a su lucha por "desalambrar el potrero de la psicopatología tradicional y la estabilidad de sus cuadros nosográficos y, sin abandonar ese potrero y su legado de saber, abrirlo a la cultura y sus cambios" (Viñar, M., 2014, p.2).

La emergencia de nuevos paradigmas

Marcelo concebía a las adolescencias como un momento dialógico y no solamente que una etapa evolutiva. Desde esa perspectiva las adolescencias juegan el partido vital con los paradigmas y las paradojas de su tiempo.

El argumento de lo vertiginoso que tanto lo atraía y lo conflictuaba, por momentos lo engullía en su propia vertiginosidad, generando tropiezos a la hora de concebir no solo la incompletud simbólica estructural, sino también y principalmente, las transformaciones de los procesos simbólicos. Es aquí cuando Marcelo incluye conceptos tales como de-simbolización y a-simbolización.

Los sistemas simbólicos se nutren y dependen de un contexto cultural compartido. Si no existe una base cultural fuerte y reconocida, el sistema simbólico puede desmoronarse. "Los referentes sociales que organizan nuestra mente (familia, filiación, parentalidad, trabajo y ocio, norma y transgresión, sexualidad permitida y transgresora) han cambiado profunda y rápidamente en las últimas décadas." (Viñar, M., 2009, p. 98).

Marcelo era proclive a escuchar las voces que corren por las calles, anunciando un cambio de época. Lo llamaba *explorar mundos posibles* y trataba de vérselas con sus propias resistencias para abismarse a "los riesgos y peligros de transitar la indecisión que es el destino de los puntos de inflexión existentes cuando el cambio de época no está divulgado pero es ya sabido" (Blanchot, M., 2008, p. 340).

Pertenecer a este momento en que sobran los indicios de un cambio de época no es una tarea menor. Resultan tan banales las certezas como las incertezas y los nuevos contornos no delineados aún, redoblan los esfuerzos del habla con apariencia episódica.

Para Marcelo, pero también para todo psicoanalista de este tercer milenio, pensar en términos de desafío implica concebir un Psicoanálisis que no está detenido en el tiempo, no permitirse reposar en la tranquila seguridad de saberes conocidos y sacralizados, antes bien, pensar en término de desafíos es una invitación, una convocatoria al abismo de lo desconocido, de lo no pensado, en definitiva, a retomar lo más fuerte de la herencia freudiana.

La etimología de la palabra desafío, viene de una formación romance del latín vulgar: *des* como una inversión de la acción, asociado al verbo *fiar*, dar garantías.

Esta conjunción de movimientos en apariencia contradictorios, recuerdan la magistral descripción que Nietzsche elabora sobre las fuerzas activas y reactivas con las que el hombre enfrenta los acontecimientos. Cuando nos enfrentamos a pensar desafíos o nuevos caminos, lo hacemos ante fuerzas complejas, contradictorias, cuyos derroteros no tienen una dirección única. Freud, Bion, Marcelo Viñar y tantos otros lo sabían de memoria...

Bion en su seminario "Hay que pasar el mal trago" decía: "Estudiará el psicoanálisis la mente viviente? ¿O se utilizará la autoridad de Freud como disuasión, como una barrera para no estudiar a la gente? El revolucionario se vuelve respetable, una barrera contra la revolución ..." (Bion, W., 1992, p. 129).

¿Peligra el psicoanálisis en este siglo XXI? Esta pregunta desvelaba a Marcelo y lo animaba a redoblar su apuesta deseante.

A riesgo de precipitarse en una teoría cada vez más abstracta, que fascina por su relación con las matemáticas, la topología y otras disciplinas formales, puede perder su contenido. Pero la experiencia resiste al concepto, es esta resistencia lo que muchos, Marcelo como abanderado, llamamos clínica.

Nuestro oficio clínico en tanto psicoanalistas empieza donde se revela el fracaso de lo esperado o predecible, justamente en ese punto en el cual el niño o el adolescente no quedan subsumidos en una estructura, ahí donde la forma cede su bravura ante el acto.

¿Qué teoría es tan autónoma que no tenga exterior, que no sea perturbada por ese exterior? se preguntaba Luis Hornstein allá por el año 2000, pregunta que Marcelo acogió fervientemente.

La clínica, la literatura, los pensadores post freudianos y el panorama epistemológico en general desvelan al psicoanálisis y a los psicoanalistas comprometidos con nuestro tiempo. Las huellas del trabajo clínico que insisten en aparecer nos interrogan y conmueven.

Como en los viejos juego de rondas infantiles, las huellas clínicas bordean un vacío que sería ilusorio y iatrogénico llenar únicamente con lo ya construido-sabido en el siglo pasado.

Este vacío sin embargo es el gran desafío de esta época. Franco Berardi Bifo (2007) lo expresa de una manera muy clara: "La primera generación que aprendió más palabras de una máquina que de su madre está hoy en escena. ¿Qué formas de subjetivación se están poniendo en juego?".

Del vacío, de ese infinito vacío y sin forma del que nos hablaba Bion recitando a Milton… ¿podrá devenir la fuerza que fermente el deseo de asumir el legado freudiano de un nuevo espacio a construir? Este interrogante atravesó toda la obra de Marcelo Viñar, incluso en sus últimos días, cuando ya la escritura comenzaba a ser exigua.

Los desafíos nacen y se nutren de esos vacíos, de esas faltas, de esas oscuridades contemporáneas.

Giorgio Agamben (2007) decía que: "Contemporáneo es aquel que tiene la mirada fija en su tiempo para percibir no la luz sino la oscuridad. Todos los tiempos son, para quien experimenta la contemporaneidad, oscuros. Contemporáneo es, justamente, aquel que sabe ver esta oscuridad, y que es capaz de escribir mojando su pluma en las tinieblas del presente."

Los paradigmas de una época comienzan por olfatearse en las oscuridades, por respirarse de manera imperceptible, no consciente, mucho antes de que puedan ser conceptualizados.

Los nuevos paradigmas no aparecen solos. Los nubarrones paradojales coexisten y los acompañan. Paradigmas y paradojas riman.

Desde los maestros de la sospecha, Freud, Nietzsche y Marx, asumimos que el hombre es un sujeto dividido, por tanto, como psicoanalistas las rima entre paradigma y paradoja no debería extrañarnos de sobremanera.

Los paradigmas se alojan, en tanto conceptualizaciones, más cerca de la ciencia, las paradojas, del griego "para" y "doxos", significa "más allá de lo creíble" y es un concepto filosófico para nominar situaciones, textos, o circunstancias que resultan contradictorias, pero co-existentes y con una serie de factores que se consideran validos o reales.

El paradigma vigente en una época llega a determinar la percepción de la realidad ya que no existe una percepción neutra, objetiva, verdadera de los fenómenos, sino que la percepción se ve teñida, enmarcada, tamizada por el paradigma de turno que de alguna manera controla y dirige el universo epistémico.

Ahora bien, una cierta oscilación e interconexión entre las paradojas y los paradigmas de una época se encargan finalmente de romper con dogmas, de cuestionar los paradigmas del pasado junto a los que asoman y de abrir espacios hacia lo paradojal. Marcelo, entre muchos psicoanalistas contemporáneos han resaltado el lugar de las paradojas en la construcción de subjetividades, puntos de inflexión individual, puntos de inflexión del mundo diría Maurice Blanchot.

En los puntos de inflexión de la actualidad sociocultural Marcelo se interrogaba por los procesos de des-simbolización y a-simbolización.

Los cambios y/o las pérdidas de sentido y de

anclaje en una tradición o referencia cultural lo desvelaban, así como las manifestaciones de desintegración espaciotemporal y reducción del pensamiento.

Sin negar la patología, y en disputa con sus propias dificultades para seguir el ritmo de la época líquida y vertiginosa, Marcelo sostenía que la simbolización, la des-simbolización, la a-simbolización serían distintas estaciones de un viaje vital de transformaciones culturales vertiginosas y no su decadencia. Admitía que en las patologías quizás estas estaciones fueran un destino donde el pasajero se bajara del tren de su propia historia, pero aún en sus últimos años siguió gozando de ser un observador de su época.

En el acercamiento a su propia finitud, Marcelo no abandonó nunca su ser auto-teorizante: "*Estos cambios o reversión de perspectiva conlleva otra relación con el tiempo vivencial que deja de ser solamente actual y presente, y crea un pasado y un porvenir – que luego poblamos de leyendas y cosmogonías, es decir, la ficción de un origen y el descubrimiento de la finitud. Los arqueólogos discuten si es la herramienta o la tumba el primer indicio precursor de la hominización*".

Marcelo, rebelde, pensador, amante de la vida y del Psicoanálisis, arrollador, lector incansable, nos dejó un enorme legado, que poco a poco vamos comenzando a desplegar.

Referencias bibliográficas

Agamben, Giorgio (2007): *¿Qué es lo contemporáneo? Recuperado de: https://www.revistaotraparte.com/op/cuaderno/que-es-lo-contemporaneo/*

Berardi Bifo, Franco Berardi (2007): *Generación Post-Alfa. Patologías e imaginarios en el semiocapitalismo. Buenos Aires: Tinta Limón Editorial.*

Bion, Wilfred (1992): *Seminarios clínicos y cuatro textos. Buenos Aires: Lugar Editorial.*

Blanchot, Maurice (2008): *La conversación infinita. Madrid: Arena Libros.*

Le Gaufey, Guy (2012): *La incompletud de lo simbólico. De René Descartes a Jacques Lacan. Buenos Aires: Editorial Letra Viva.*

Viñar, Marcelo (2009): *Mundos adolescentes y vértigo civilizatorio. Montevideo: Ediciones Trice.*

Viñar, Marcelo (2014): *Algunos problemas con la simbolización en las adolescencias actuales. Simbolizar/Desimbolización/A simbolización. Conferencia pronunciada en el Coloquio de Lyon. Universidad de Lyon. Lumiere II.*

Viñar, Marcelo (2018): *Experiencias psicoanalíticas en la actualidad sociocultural. Cómo nos cambia un mundo que cambia. Buenos Aires: Editorial Noveduc*

Elizabeth Chapuy

Miembro Titular en función Didáctica APC.
Ex Presidente de APC
Ex Directora del Instituto de Formación de APC
Presidente del Congreso Argentino de Psicoanálisis 2018
Ex Coordinadora Adjunta de la Comisión de Formación y Transmisión del Psicoanálisis Fepal.
Directora científica de Fepal en la gestión 2018-2020
Docente del Instituto de Formación APC.
Editora del Libro Virtual de fFEPAL Fronteras en psicoanalisis. 2020.
E-mail: elizabethchapuy@gmail.com

Mónica Santolalla

Psicoanalista, miembro titular de la Asociación Psicoanalítica de Córdoba.
Especialista IPA en Psicoanálisis con Niños y Adolescentes.
Ex Presidenta de la Asociación Psicoanalítica de Córdoba, por el período 2020/2024.
Ex Coordinadora de Niñez y Adolescencia de la Federación Psicoanalítica de
América Latina (FEPAL), por el periodo 2016/2018.
Docente titular del Instituto de Formación de la Asociación Psicoanalítica de Córdoba.
Miembro de la CIPPA y miembro fundador de CIPPA LA para Latinoamérica.
CIPPA: Coordination internationale entre psychothérapeutes psychanalystes s'occupant de personnes avec autisme et membres associés. París. Francia.
Miembro del grupo de estudio Psicoanalistas en la Comunidad, de la Federación Psicoanalítica de América Latina (FEPAL).
Miembro del Consejo editorial de la Revista de la Fundación Orienta, especializada en temáticas de niños y adolescentes. Barcelona, España.
Dicta seminarios y supervisiones en Argentina y diferentes países de América Latina.
Publicaciones en revistas de Psicoanálisis y colaboraciones con capítulos en diferentes libros.
E-mail: santolallamonica@gmail.com

Evocaciones

Fernando Orduz[15]

I.

Cuando el cuerpo, materia efímera, de los seres que abrazamos con nuestra libido y nuestros afectos desaparece, comenzamos a tejer esa otra forma de la existencia tramada con recuerdos y memorias, con imágenes y palabras. Esa forma a la que refiero es aquello a lo que se nomina como psiqué, el alma, el ánima, el soplo de vida que emerge, o que queda, cuando el cuerpo se deshace.

El soma que deja de estar presente, que se hace ceniza o polvo, que disipa su materialidad, nos lega a la psiqué como huella de la vida. La solidez de la existencia deviene en esa forma gaseosa, evanescente, que denominamos el espíritu o ánima. La etérea forma a la que muta el ser para lograr trascender la frágil solidez de las formas corporales. Con la muerte y los efectos de su fatal guadaña, ya no se es cuerpo sino psiqué, ya no se es materia sino espíritu, ya no se es palabra hablada, sino escritura.

Duelar implica esa reconstrucción dolorosa de una etérea psiqué, compuesta de fotografías mentales y recuerdos fragmentados. Tras la muerte, la mente co-

15 Psicoanalista. Sociedad Colombiana de Psicoanálisis (Socolpsi)

mienza a reconstruir un archivo mnémico, un abanico de imágenes comienza a desplegarse entre las innumerables hojas de la memoria ¿Dónde habita ese recuerdo que mas se acerca al corazón? ¿Cuál es esa fotografía mental que mejor podría retratar la vitalidad ausente?

Pero no solo navegamos por imágenes de archivo fotográfico, paralelamente comenzamos esa otra búsqueda de archivos letrados, hurgando por los testimonios escritos donde la palabra impresa intenta retener las ideas transitorias que alguna vez escuchamos de tu voz, ahora ausente, sin corpo-oralidad.

Alguna vez recuerdo haber leído una frase en la que Marcelo diferenciaba entre la letra escrita y la oral, en algunas de esas lecturas por las que navego noctámbulamente, vaya a saber dónde lo hice, porque los recuerdos no funcionan como los textos académicos sobre los cuales hay que dar testimonio y certificar de dónde fueron tomados. Retomo el recuerdo de tu frase, decías que la oralidad necesitaba de reverberaciones, que esa era su virtud, hecho que en la palabra escrita se volvía fastidioso.

Cuánta necesidad me queda de su reverberación. Recuerdo el primer momento en que su imagen se grabó en mi existir. Hace un par de décadas, un figura alta, de andar algo pesado, llamó mi atención, había algo en su forma de estar en el mundo que se imponía, aunque no creo que esta palabra le gustara a Marcelo, siempre tan cuidadoso de esas veleidades a las que el poder puede arrojarnos, creo que para él habría sido preferible el verbo deponer que el verbo imponer. Pero no siempre son "malas" las imposiciones, tal vez algo ligado al efecto de una fuerza opera como un tatuaje que se impone en el alma. Eso tiene el amor y las pasiones, tanto como las fuerzas de la naturaleza, se imponen. Con ese efecto en mi psiqué sentía la palabra de Marcelo Viñar.

Asumo que algo de esa imposición se relacionaba con el tronar de su voz grave, que dejaba pausas, como para que los oyentes pudiéramos tener la posibilidad de rumiar ese verbo que emanaba crítico y profundo, literalmente analítico, que se iba tatuando en nuestras almas.

Ser analista no es tener formaciones y títulos que nos avalen, ser analista es esa capacidad que tenía Marcelo para deconstruir y ofrecer una mirada y una forma de pensar alternativa sobre el discurso y el discurrir de lo humano.

Esa primera vez que lo percibí, audiovisualmente, llamó mi atención un hecho mas mundano, mas circunstancial, talvez porque yo provengo de otras latitudes donde el *tintico* (café oscuro) es nuestro ritual cotidiano. Me refiero a que observé que cargaba una especie de morral donde anidaban un termo y un cuenco con un pitillo (cuenco que después me enteré que se llamaba mate). Recuerdo voltear a preguntarle a mi maestro de lides psicoanalíticas, Simón Brainsky, quien era ese señor de recia contextura y curioso avituallamiento. Mi maestro, hijo de una generación que escapó de la persecución antisemita europea, me contó una historia de otro ser similar a él, agnóstico pero determinado por una historia transgeneracional que marcará ineluctablemente la vida porvenir.

Esa historia quedó grabada en mis laberintos auditivos, con ecos silentes, hasta que volvió a resonar la última vez que lo vi. Fué en su casa de Montevideo, en Punta Carretas, sobre Joaquín Nuñez 2946, ahí entre *tintico* y té, entre trufas y chocolates, la historia de la dictadura y la tortura que siempre quise preguntarle porque fue lo primero que oí de él, volvió a emerger. Esta vez la historia provino de su propia voz, en una prosodia mas lenta y en una figura afectada por el paso letal del tiempo, una figura que me parecía quijotesca, tal vez porque ahora peleaba contra los molinos letales que las Moiras estaban urdiendo.

Allí en su casavieja, escuché la historia, la historia de un Shopping que antiguamente era una cárcel. Ahora pienso en cómo se transforman las significaciones de la trama urbana con nuestro capitalismo salvajemente desarrollista. Ahí, no recuerdo cómo, el ser que ahora se apoyaba en instrumentos auditivos para oir de forma mas clara los sonidos mundanos, contó la historia de como los presos de aquella época construyeron un túnel que pasó bajo su casa, cuya boca salía unos metros mas adelante en otra casa. Aquello de que salían por la casa de él, era un mito. Pero lo que no era un mito era la historia de su tortura por cumplir con su juramento hipocrático, por ayudar con la situación de un joven tupamaro preso de una crisis nerviosa, que llevaría a la terrible experiencia de la prisión al joven médico en esas épocas de la dictadura uruguaya.

Cada encuentro con Marcelo era una apertura de cabeza, recuerdo que por él conocí ese bello texto de Étienne de La Boétie, *El Discurso sobre la servidumbre voluntaria*, algún día que intentaba explicarle algo que quería escribir sobre lo peligroso que me parecía este retorno en América Latina a la figura del caudillismo. Si algo siempre me gustó de esos encuentros es que sus referencias nunca se reducían a los textos o autores canónicos del psicoanálisis.

Marcelo abrió mi cabeza, pero no sólo en sentido metafórico o académico, lo digo en sentido literal. La anécdota, de la cual en los últimos años, se nos volvió el "chiste flojo" de todos nuestros encuentros, era narrar a nuestros contertulios como me había abierto literalmente, pero no hablando de sus posturas psicoanalíticas sino sobre cómo en medio de un Congreso de Fepal, al agacharme a recoger algo que se le había caído, mi cabeza rozó el filo de alguna pantalla de la cual no me percaté y la sangre, siempre escandalosa, empezó a brotar.

Justo en ese panel estaba previsto celebrar al final, y a manera de sorpresa, su cumpleaños número 80, así que me tocó recurrir a los hielos y a la presión para contener el hilo de sangre que poco a poco iba dejando sus huellas en mi blanca camisa, así como sus palabras y las de su amigo Gomez Mango fueron dejando tatuajes en mis circunvoluciones cerebrales.

II.

Mas que un cúmulo de conocimientos, de transmisión de teorías, lo que me queda como aprendizaje de mi relación, o contacto con Marcelo, es una ética. Alguna colega me comentaba en una ocasión que era difícil hablar de su corpus conceptual porque Marcelo no dejó muchos libros escritos, ni mucha teoría de la técnica ni mucha metapsicología. Pero, en mi caso personal, me dejó como legado un etos psicoanalítico. Por ética no me refiero a un manual de supuestos buenos comportamientos, sino a una postura frente al mundo, frente al psicoanálisis y la realidad social.

Comenzaría destacando esa relación con la realidad, ese posicionamiento en el cual Marcelo siempre articulaba lo que sucedía en la vida íntima y lo que acontecía en la realidad social circundante. No se podría pensar la una sin la otra, caeríamos en una peligrosa disociación. Si pensamos que solo tiene sentido la vida íntima, el riesgo sería el solipsismo, si pensamos que solo tiene sentido la realidad externa sería pensar que la mente es como una tábula rasa. Es mas, estas dos entidades, realidad interna y externa, no deberían ser pensadas como dos pares opuestos sino como dos procesos que interactúan y se afectan mutuamente, dos procesos que están en síntesis permanente.

En el pensar psicoanalítico de Marcelo ninguna realidad antecede, ni la interna ni la externa, porque la realidad es un constructo. Fue una de las primeras personas a las que le oí la palabra "epocal", siempre articulando las dimensiones de nuestra subjetividad con lo que acontece en nuestros entornos, pareciera que una de sus eticidades rondaba por dar contexto contemporáneo a ideas surgidas en otros tiempos y espacios.

Esa idea de dar contexto actual a las ideas psicoanalíticas la encontré, tiempo después, en los artículos que buscaba como referentes del pensamiento de Marcelo, muchos de ellos hablaban de "actualizaciones": Actualidad del psicoanálisis, Adolescencias y mundo actual, Parentalidades y filiaciones en el mundo de hoy.

Esa insistencia en ese significante me lleva a recordar una posición de Artaud quien planteaba que toda obra de arte debía dialogar con su tiempo. Decía Artaud en el Teatro y su doble, "Las obras maestras del pasado son buenas para el pasado: no son buenas para nosotros. Nosotros tenemos derecho a decir lo que ya ha sido dicho y lo que no ha sido dicho de una manera que nos pertenece, una manera inmediata, directa, que responda a las maneras de sentir actuales, y que todo el mundo puede comprender" (p.p 12).

Pero así como era importante pensar contemporáneamente nuestras categorías psicoanalíticas, también era importante abordar cuidadosa-mente las marcas epocales. Separo la palabra, porque muchas marcas culturales, muchas determinaciones significativas de la época, pueden actuar desde nuestra interioridad, en un proceso alienatorio donde lo cultural puede operar a la manera de mandatos internos que aprisionan nuestras mentalidades.

Por ello es importante hacer "un ajuste de cuentas" con nuestra propia cultura, recuerdo que alguna vez me refirió a Montesquieu para hablarme de la importancia del viajar, de abordar otras realidades y otros universos. Para Marcelo ese viaje no solo era a otras latitudes geográficas sino a otras dimensiones del conocimiento, donde la lectura histórica, sociológica, antropológica, literaria era importante en la comprensión del fenómeno de lo humano.

Nunca lo vi como un guardián de teorías deterministas o un inquisidor de limites disciplinares, siempre sospechaba de esos reduccionismos. Alguna vez también le oí una cita de Watzlawick, quien decía que una de las cosas mas peligrosas era pensar que solo existía una sola dimensión, una sola realidad.

De esta idea se desprenden otros dos posicionamientos que me parece importante resaltar, no le gustaba la nominación psicoanálisis aplicado y tampoco esa tendencia del psicoanálisis a casarse con el culto del autor.

De la primera siempre le escuché la duda sobre esa idea que pretende que hay un especie de oro puro, como diría Freud del psicoanálisis, que late al interior de la consulta privada. Categorías conceptuales que al transferirlas a otros escenarios cobrarían menor valor.

Pensar psicoanalíticamente, en otros escenarios diferentes al consultorio, no minimizan a nuestra disciplina, la enriquecen práctica y conceptualmente. Mas que aplicado es un psicoanálisis en expansión, que atraviesa fronteras y se piensa en esa labor que lo interroga en los nuevos campos. "El espacio público sacude las intimidades de la sesión" decía Marcelo, para referirse a algunos momentos de crisis social que nos obligan a pensar y actuar de cara al mundo y no dando la espalda.

A propósito de dar la espalda, está el segundo tema, esa peligrosa tendencia a identificarse con el pensamiento de algún ideólogo del psicoanálisis. Una de las primeras veces que le oí hablar le escuché decir aquello que repetiría muchas veces: "ni soy freudiano, ni kleiniano, ni lacaniano, debemos distinguirnos por algo mas que por los anos". Las identificaciones fanáticas a un autor pueden llevarnos a confundir nuestra labor disciplinar con la de una iglesia, caer en dogmas, limitar el pensamiento crítico (es decir psicoanalítico), y demonizar al otro en tanto encarnación de un pensamiento diferente. Esto último también me parece importante para destacarlo dentro de eso que llamo su ética, el respeto por el otro, por la diferencia de pensamiento. Tal vez ahí haga presencia su historia, la del migrante, la del exilio forzoso, la de ese ser que aprendió otra lengua (la francesa) de parte de esos otros de la cultura (los "monstruos", los sujetos enajenados de un centro psiquiátrico). Es bella esa anécdota de su vida donde cuenta como fueron los pacientes del frenocomio francés los que le introdujeron en las tonalidades y significaciones de ese idioma. Aquí quisiera resaltar ese artículo suyo que lleva por título: *Alegato por la humanidad del enemigo.* En ese texto reflexiona sobre esa dinámica de nuestra civilización que demoniza al otro en tanto ese otro no funciona como espejo de nuestros narcisismos. Le parecía peligrosa la actitud fanática de los fundamentalismos nacionales, étnicos y religiosos porque en ellos el diferente, es pensado como un enemigo del cual hay que prescindir.

III.

La última vez que leí algo suyo, fue una entrevista que dio para alguna institución peruana, hace un par de años, posiblemente en el 2023. Curiosamente, lo primero que leí de Marcelo Viñar, fue una entrevista realizada por Moises Lemlij, tal vez una década antes, 2012. En esa última lectura, las reflexiones eran sobre el final de la vida, en cambio en la entrevista de Moisés, todo empezaba desde el principio, no solo del inicio de su vida en Paysandú sino planteando el origen de su existencia ligado a dos generaciones atrás. Marcaba la vida entre dos generaciones antecedentes (hasta los abuelos) y dos generaciones después (hasta los nietos).

Ahí en esa primera entrevista me sorprendió enterarme de tu origen semita. Digo sorpresa por el hecho de pensar que mi admiración profesional en esta disciplina coincide siempre en apuntar hacia personas que portan esa ascendencia. Más allá de Brainsky, Fainstein, Horenstein, Lemlij, Rascovsky, Bleger, Kantor, de los cuales era muy claro la marca del linaje, su apellido me sonaba a llanura del rio argento colonizada por los invasores españoles, a presencia de mestizaje gaucho y charrúa, a pampa con sonares de milonga y asado sazonado con sales de ese frio mar del sur este.

Pero estaba equivocado, tras ese apellido Viñar, más castellanizado, el linaje judío hacía presencia, no en balde profesamos una disciplina que tiene esa marca de origen. Siempre he pensado que algo de esa forma del ser judaico atraviesa nuestra actividad y, me temo, que en lugares donde esta actividad encuentra núcleos muy católicos, nuestra pensamiento entra en una especie de barrena, que lo hacen caer en esos tintes de dogmatismo clerical que impiden la libertad de reflexión y acción.

Pero así como leía en esa primera entrevista la historia de sus orígenes de migrantes que aterrizaron en Paysandú, en la última entrevista que leí, la del 2023, me tropezaba con sus reflexiones sobre el final de la vida, "sería terrible que el hombre fuera inmortal". Si Marcelo, somos finitos, hay un momento en que el latir de la vida se detiene, hay un momento en el cual tenemos que despedirnos de ese otro que nos ha acompañado con su palabra, con su presencia, con su aliento.

Le preocupaba el mundo que iba a quedar para la generación de sus nietos, hablaba de la locura de esta cultura consumista; de la ansiedad que le generaba el cambio de un planeta holomórfico, de distintas aristas, a un mundo donde solo la rentabilidad funcione como norte. Le preocupaba esos cambios de códigos que venías observando en la civilización.

La gente joven siempre le preocupó. De la adolescencia decía que era época de turbulencias e incertidumbres. Tal vez en ese momento del ciclo vital, esa dinámica de la vida contemporánea hoy se encarna mas.

En esa dinámica de cambio, Marcelo planteaba como la narrativa de la adolescencia (y del sujeto) contemporáneo estaba cambiando, como si algo de la humanidad a la que estábamos acostumbrados estuviera transformándose. Tomando como ejemplo el pensamiento operatorio de M'Uzan, planteaba que en la adolescencia contemporánea estaba primando más la palabra catártica, que no buscaba la interlocución sino la queja que prescinde del interlocutor y de la metáfora.

Frente a estos cambios sugieres que no podemos seguir funcionando con la idea del iluminismo racional, estamos en la época del fin de las certezas, donde la duda, el dilema, la ambigüedad debería ser la dinámica del pensamiento. Ese pensamiento ligado a la certeza, la predicción y la verificación ya no es operativo para los tiempos actuales.

Me quedo con una propuesta que leo en ocasiones entre líneas en sus escritos y en otras de manera explícita en los encuentros presenciales; la apuesta es por la recuperación de algo que nos ha caracterizado como humanos, el lazo social, la fraternidad y la solidaridad de lo comunitario; la apuesta es por una disposición donde recuperemos la posición del etnólogo, siempre dispuestos a entender códigos distintos y extraños; la apuesta es por la construcción de un saber dialógico y no monológico como el de las ciencias naturales; la apuesta es por soportar el enigma, "la primera vez que supe que quería ser psicoanalista fue porque el enigma que me atraía era como funciona la mente de la gente", así le respondía a Lemlij en su entrevista.

IV.

Marcelo, para mí, en particular, era un gran placer oírte, verte en la distancia con la imponencia de tu voz y tu sabiduría sedimentada y añejada por los años; también tenerte de cerca para compartir, siempre con algún toque de buen humor negro, algún comentario tuyo sobre la vida y lo vivido. Hacen falta esos encuentros a lo que me acostumbraste en los últimos años, encuentros efímeros, transitorios, de los cuales, hoy en día quisiera que esta memoria que empieza a nublarse pudiese recordar fidedignamente cada momento.

Hoy que ya no estas tengo que decir que sos una memoria que sigue nutriendo los procesos de cambio en el psicoanálisis que hacemos en nuestros contextos latinoamericanos. Fuiste un personaje muy activo en la transformación de nuestro quehacer, pensando la técnica desde un modo más acorde a las posibilidades de nuestro entorno, libre de esa actitud colonizadora que rige en algunas mentalidades de nuestros grupos de trabajo.

Como diría en otro escrito que hacía homenaje a tu pensamiento, fuiste un actor importante que luchó por cambiar los modelos verticales de formación a modelos mas dialógicos, que abogó por un pluralismo teórico, por la singularidad de los sujetos y por la potencialidad transformadora de la palabra.

En esa última entrevista a la que hacía referencia, citabas una frase de Borges: *"yo me voy a morir el día en que el último humano me llame por mi nombre"* y nosotros, los que tuvimos la posibilidad de rozar la piel de tus ideas, seguiremos tercamente mencionando tu nombre, en un gran coro, para que tengamos el simulacro de tu vida presente.

Repito, a manera de despedida, lo que alguna vez puse en una red social: *Otro Marce se llevó*. Que en esa otra dimensión o latitud disfruten ahora de tu presencia etérea, menos mal me queda tu palabra escrita que leo alucinando los tonos graves de tu voz charrúa.

Referencias bibliograficas

Gorriti j. Schutte L. Albuquerque H. Fabossi Paschotto V. (2023) ENTREVISTA MARCELO VIÑAR. *Intercambio Psicoanalítico 14 (2). Lima. En https://intercambiopsicoanalitico.org/ojs/index.php/IPSI/article/view/59/192.*

Lemlij, M (2011). *Cara a Cara. Entrevistas Profanas. Ed Sidea. Lima.*

Viñar, M (1999) *Efectos de la realidad sobre el psiquismo. Revista Psicoanálisis APA. Vol LVI. No 4.*

Viñar, M (2006). *Alegato por la humanidad del enemigo. En Revista Psicoanálisis APdeBA - Vol. XXVIII- Nº 2 – 2006. Buenos Aires.*

Viñar, M (2012). *Adolescencias y Mundo Actual. Coloquio sobre la función del psicólogo en el tercer milenio. Córdoba. En https://es.scribd.com/document/251131688/M-Vinar-Adolescencias-y-el-Mundo-Actual.*

Fernando Orduz

Psicoanalista. Sociedad Colombiana de Psicoanálisis (Socolpsi)
Psicoanalista. Sociedad Colombiana de Psicoanálisis
Expresidente Fepal 2014-2016.
E-mail: orduzsolamente@hotmail.com

Epílogo
Marcelo Viñar (1936- 2025)
Aún es ahora La palabra vigente de un clásico y moderno psicoanalista

Marta Labraga

"La muerte (o su alusión) hace preciosos o patéticos a los hombres. Estos conmueven por su condición de fantasmas. Cada acto que ejecutan puede ser el último; ... Todo entre los mortales tiene el valor de lo irrecuperable de lo azaroso"
Jorge Luis Borges "El inmortal" en El Aleph

"Me he dicho muchas veces que se escribía sobre el cuerpo muerto del mundo y ... del amor...que es en los estados de ausencia donde se hunde el escrito, no para reemplazar nada de lo que ha sido vivido o supuestamente ha sido, sino para depositar en este el vacío que ha dejado"
Marguerite Duras, Escribir

Comenzar un Epílogo con Epígrafes es raro porque estos señalan los comienzos de un texto y aquí todo nos lleva a este "Cierre del libro", al "Momento de concluir". Pero esto es un signo: no podemos, sin rodeos, empezar a poner un fin a estas líneas sobre Marcelo Viñar, aun en el momento mismo en que nos estamos despidiendo con la ausencia radical que marcó el fin de su vida. Este libro y mi escritura epilogan una vida pero prolongan también sus formas de presencia y vuelven recuperable y transmisible su palabra. Es la paradoja de un Epílogo de apertura y recomienzo, donde cada uno de estos textos figura marcas y grafías de un eros y de una afirmación vital que recorre toda su obra.

En todos ellos hemos reconocido las líneas de su pensamiento y obra escrita, así como sus comunicaciones orales, retomadas desde múltiples transferencias por auditorios diferentes, en sus expansivas participaciones como psicoanalista, donde se mostraba en los perfiles de su generosidad intelectual y sus amistosas formas de comunicación. Y cada uno a su manera, a su letra, hace su parte del adiós, de los adioses que nunca alcanzan y abren nuevos recuerdos o recrean la reflexión creativa.

Al retomar sus palabras, dichos, anécdotas y libros, se diluye algo de lo azaroso y fantasmal que trae la muerte y toma cuerpo cada intercambio como parte del duelo aconteciendo en presente, en cada uno de nosotros. Aparece nuestro modo subjetivo de escribir la pérdida del analista, del maestro, del amigo, del compañero de lucha y de militancia, o del referente de investigaciones sobre lo contemporáneo y actual que nos aqueja. No desde lo abstracto, sino con su pensar situado, desde un psicoanálisis implicado en lo que sucede al otro y los otros de sus cercanías y de aquella "comunidad de oyentes" de la que hablaba W. Benjamin y cuya desaparición era entendida como terrible catástrofe de la humanidad. Pero ni nosotros ni aun Marcelo, tan dolido por un mundo que cambió en un sentido tan diferente al que su generación y otras esperaban, creemos que se hayan perdido esos otros a quienes nos dirigimos. Y un libro como este los recupera.

Aquí se reúnen aproximaciones abiertas y con concepciones psicoanalíticas provenientes de distintas formaciones y adhesiones teóricas y clínicas. Hay quien toma la palabra en primera persona y dialoga con él escribiéndole una carta; otro texto toma la forma de una transmisión en acto de la transmisión misma del pensamiento analítico de Marcelo… Otra escritura prefiere dejar fuera la anécdota vivida o los hechos de una historia compartida y se lanza a lo conceptual y teórico -nunca cerrado en dogma para Marcelo- y a entender con él justamente "la incompletud de lo simbólico". En otro texto se despliegan las maneras de recoger todos los temas más centrales de sus inquietudes. En todos hay evocación de una experiencia profunda, huellas de amigos y de amigos-hermanados en la reflexión compartida, en diálogos y escrituras o en conversaciones de rueda de mate, con toda la cotidianeidad de lo vivido y sus anécdotas.

Miradas desde Uruguay y desde otros lugares del mundo donde se hizo querer y reconocer, despertando siempre interés por lo que su palabra tenía de audaz y provocadora desde las impertinencias de la transdisciplina. En su filiación y herencia, concebía el sujeto freudiano del inconsciente como porosamente permeable al de la historia y la psicología: "*discontinuos, no homogéneos y con articulaciones a descubrir*"… Su "riesgo de decir" era comunicar que no hay algo más pobre y mezquino que la concepción cerrada de las teorizaciones únicas, y no sólo para el psicoanálisis. Que esas adhesiones ortodoxas sólo vulneraban las formas cambiantes y singulares de las subjetividades.

He escrito muchas veces sobre sus libros y reflexiones y, sin embargo, el carácter mismo de Epílogo de esta escritura me lleva a mezclar imaginarizaciones y restos de cosas vistas y oídas desde lo transferencial, junto a las conversaciones 'reales' con Marcelo. En ellas esgrimía sus ideas con maestría pero sin autoritarismo, como 'Amo' desbancado de antemano por sus propios ideales; dispuesto a oírnos aun, o sobre todo, en el disenso y la confrontación de concepciones que tal vez aliviaban sus nostalgias.

En todos los que lo conocimos, el comentario primero y personal era sobre el ritmo de su "decir", el "cómo" lo hacía, cómo abría en el encuentro con otro ser su estilo personal: un modo de 'callar', de pausas y silencios. Llegaba al encuentro con el interlocutor, analizante, amigo, en actitud de espera, con un punto de inflexión interrogante, la palabra suspendida ¡que nos hacía hablar! Parecía renunciar a su palabra para otorgarnos la nuestra. Palabra, la suya, escandida por silencios y donde la gestualidad desplegada envolvía el decir; que no era aforístico, pero sí podía sonar algo sentencioso. Estilo personal distintivo en la oralidad y en su escritura; sentimiento de la inquietante apertura de su discurso.

Sus temas nucleaban preocupaciones y concepciones cuya materia no ofrecía soluciones o respuestas claras ni simples, sino constancia y 'obstinado rigor' como para planteárselas. Su estilo, incorporado tal vez desde su inquietud intelectual, fue modulando y articulando sus ideas, para las que siempre buscó el intercambio con otros: otros analistas, los filósofos y maestros de la sospecha, historiadores y literatos, polítólogos y amigos en general. Y, sin duda, fueron también sus pacientes fuente de sus preguntas abiertas. Y de sus silencios significativos. Porque éste era también el modo y la postura de analista con la que, sin destituirse nunca totalmente, sabía no 'parasitar' al analizante con su palabra. ¿Mantenimiento de una Docta ignorancia constitutiva del 'no saber' del analista?

El análisis y la relación de intimidad asimétrica de sus integrantes se mantenía para él a distancia de un discurso, en el sentido de convenciones sociales establecidas con claridad. Él mantenía un punto de opacidad y oscuridad alejadas de la explicación racional. Una comunicación privilegiada y transformadora frente a cualquier contacto objetivante o pedagógico.

Su apuesta psicoanalítica central era la abstinencia y, desde allí, ir al descubrimiento, junto con el analizante, de los modos iniciales y primeros de la vida psíquica: las vivencias de satisfacción mitificadas en el *après coup* del adulto, el desamparo del origen, las fantasías primordiales y los núcleos originarios del sujeto; la especularidad y sus tensiones, aislando la perturbación y el punto de locura de las dependencias del *infans*, el alucinar primero, el delirio que nos constituye en los primeros tiempos de la fusión fundante. La exterioridad del mundo para el sujeto y los contextos culturales sólo eran para Marcelo, una falsedad que gobernaba la ilusión de un "mundo interior" protegido.

Así, tomo para este epílogo su figura como la del exceso y sus límites, la del clasicismo y la modernidad de sus concepciones, enfrentadas a fines del siglo XX a un mundo cambiante, heterogéneo y feroz. La voluntad política y económica de expansión mundial del poder imperial y la caída de los paradigmas de progreso y estabilidad de la modernidad, se abrieron a la uniformidad terrible de la globalización que, en su búsqueda de mantener los privilegios y el enriquecimiento, deja en la pauperización a las grandes masas desposeídas, todo lo cual llega a este presente de un mundo migrante y en "mutación civilizatoria", tal como él mismo decía. Interrogado muchas veces sobre cómo 'sanar' del resentimiento y el deseo de venganza frente a la impunidad de los abusos a lo humano y las crueldades genocidas, hablaba de la necesidad de cuidarse del deseo de un fuego purificador que reestableciera la justicia. Y desde sus límites y sus sentimientos más hondos se preguntaba: "*¿Quién no es responsable de un acto inhumano?*"

Con su primer libro **Psicoanalizar hoy (2002)** desplegó las tramas del 'malestar en la cultura', desde Freud al presente, con compañeros de reflexiones como Daniel Gil (Psicoanalista y escritor, filósofo como Marcelo) y siempre en intercambio con autores y pensadores ensayistas que desde el psicoanálisis se habían sentido interpelados por las injusticias y más allá, por los abismos incomprensibles de los sufrimientos que las inequidades de los poderes provocan, por la marginación y la pobreza en la infancia y la juventud y, sobre todo, por el mal y el daño que un hombre puede causar a otro, quitándole su condición de tal. Por cómo los sistemas sostienen los regímenes de la conversión del 'semejante' en enemigo.

Pero el comienzo s. XXI le trajo otros matices de sorpresa y dolor culturales. Le llamaba el 'desasosiego identitario' por encontrarse con un mundo que no reconocía enteramente y del que no se sentía parte. Si nunca había sido un adaptado, ahora era un extraño con las tecnologías y los lenguajes que antes sostenían los contactos intergeneracionales, ahora se abrían en brechas insalvables. Ello lo llevó a reunir sus trabajos en su segundo libro, de sugerente subtitulo: "Cómo nos cambia un mundo que cambia" (2018).

Su mirada iba al pasado, al mundo de su origen, pero manteniendo una curiosidad y una inquietud básica de saber del mundo en que le tocaba seguir viviendo. Peculiar acumulación en él de lo vivido y lo que ha cambiado, para la que ese estilo voraz de incorporar que le caracterizaba le era, sin duda, fuente de ansiedad. Una ansiedad que lo conducía al nudo vivencial de una pérdida, resguardando aquello del pasado como algo nostalgiosamente atesorado. Podríamos recordar con sus evocaciones las palabras de Pascal Quignard: "¿Con qué ha de sorprendernos el pasado?"

Si bien mostrando que conocía algunas bondades del presente, revelaba también que aquel mundo recreado como seguro y perdido, le seguía importando . No le llegaba íntimamente esa transformación de la subjetividad atravesada por los mutaciones, la globalización y los incontables avances tecnológicos. Sin demonizarlos, no consideraba esos avances como buenos ni malos, sino cuestionables por su envergadura y por su uso despersonalizador y entorpecedor de la 'producción de subjetividad' .

Ese 'orden' social en jerarquías conocidas era el que le hacía preferir para la vida y el análisis la noción de "relato" y de "narratividad" de la historia. Aunque reconocía sus contradicciones y aseveraba que podía exagerar sus terquedades y sostenerse ostentando sus paradojas, también dejaba lugar a nuestras objeciones. Muchas veces le sostuve, y es como si siguiera haciéndolo también hoy , el valor de lo discontinuo, de lo multívoco y fragmentario de los discursos en análisis; el lenguaje de los equívocos, la metáfora y los tropiezos que permite el hallazgo de lo inaudito inconsciente, que no se deja 'apresar' en el lenguaje organizado y secuencial del relato. El análisis no se me figura como un Gran relato de nuestra historia, que recrea y ordena nuestra subjetivación en una temporalidad de origen a fin y, de hecho, Marcelo llegaba a compartir formulaciones de Lacan como la de la 'disparidad subjetiva' del comienzo del análisis y las destituciones de ambos al fin del mismo. Así como cuando surge el 'deseo de analista' de devenirlo en el correr del análisis y algo de la repetición se reestablece y se reabre la interrogación .

Los puntos de discusión giraban entonces en torno a éstas preferencias del relato frente a la fragmentación en las formas artísticas de la actualidad y en la escucha analítica. Y podíamos constatar la poca admiración o curiosidad que le provocaban los últimos discursos de la literatura, filosofía, historia o arte, así como su inclinación permanente al ensayo político o social orientado al centro del sufrimiento del hombre. Curioso sesgo éste, de quien estando siempre en contacto con el "horizonte de subjetividad de su época", se mantenía a distancia de sus construcciones y no renunciaba a los cuadros de referencia de su tiempo, por más que leyera con avidez a los teóricos contemporáneos como lo hacía Freud mismo.

Algo central y profundo de su pensamiento y clínica se despliega en la bisagra que hizo funcionar "el Siglo" de la Pasión de lo Real y la violencia como le llama Badiou al s.XX , con su revuelta, con la incorporación literal, desde sus propios cuerpos, de los intelectuales a la historia, no sólo a las guerras mandadas por los estados y sus poderes, sino a la sublevación desde un deseo que tardó en ceder; un deseo de cambio y transformación del mundo y de la historia conocida. La situación de América Latina, desde la post revolución cubana y sus ideales, a la forma aplastante de las dictaduras, los estados del terror y la tortura para aniquilar toda idea revolucionaria. Marcelo se preocupó y participó de todo este movimiento de ideas y de riesgos.

En ese sentido, subrayamos hoy, en todos los textos, aspectos de su pensamiento y personalidad que lo volvieron una referencia permanente en América Latina, en relación a las posibilidades de pensar problemas políticos y sociales acuciantes y al modo en que el psicoanálisis se ve interpelado, convocado e involucrado junto con, transformado por todos los fenómenos de la polis .

El eje de las relaciones humanas y sus violencias atraviesa toda su obra, particularmente en la forma en que los individuos transitan las dimensiones sociales. De qué manera nada de lo humano se produce aislado, de qué forma se necesita un grupo y un sistema para que se produzca la caída radical de confianza y el odio destructor del otro pueda hacer de un semejante un enemigo. Si la dimensión agresiva es consustancial a los orígenes de lo humano, ésta no alcanza para tal conversión y son las formas de la identidad y la alteridad las que quedan interrogadas. Desde su modo inicial de plantearse el yo y el nosotros como constitutivos e indisolubles, tuvo que pasar a incluir la intrusión gobernadora y "unificadora" de la globalización como punto de interrogación que seguirá abierto: ¿cómo pueden o podrán las identidades culturales enfrentar la uniformidad violenta de la globalización y lo que ella trae de estigmatización, exclusión, discriminación, racismo?

Y lo cito en extenso: "...el estigma es un exceso y que entre las generaciones el exceso sólo puede transmitirse como tal como silencio o como exaltación rompiendo la transmisión de confianza que es lo propio de la condición humana y desmoronando su alegría, su trofismo y transformándolo en la peripecia lúgubre de un ideal sacrificial. Y entonces cómo romper ese encadenamiento maligno anclado en el rencor y el resentimiento. ¿Es una fatalidad de la especie humana caer en la repetición oprobiosa?" (2018, p- 183).

Marcelo mantuvo un pensamiento que no quiso elegir entre la desmentida y la desesperanza radical; morir pensando, no solo en el absurdo de la vida, sino también de un mundo condenado a matar y destruir. Por el contrario, sin negar o desmentir un momento la violencia, fue capaz de sostenerse frente a la desilusión. Porque tampoco negaba la necesidad de ser crítico de los paradigmas de la modernidad que lo habían sostenido, y sabía tolerar la comprobación fuerte de que su secentismo había caducado y que el mundo se abría en zonas desconocidas para él, que le producían malestar. Frente a esto ¿qué seguíamos demandando? ¿Más sublevación? ¿O menos sabiduría de los límites?

Estos perfiles aparecían en su concepción de los grupos humanos y las instituciones. El magma narcisista que sigue habitando los sujetos y sus grupos en la socialidad es también constitutivo de violencias y rivalidades. Problemática continua de las instituciones psicoanalíticas que lo preocupaba y que retomó en todas sus funciones ejercidas. Lo ayudaban sus teorizaciones abiertas. Y esto nos lleva a las familias, no en orden o en desorden, sino a la marejada de pasiones, al incesto y el parricidio que entronca el mundo de los humanos desde el nacimiento.

Su vacuna querida o antídoto, lo encontraba en el pluralismo teórico que ponía a salvo del dogmatismo y el cierre, y escribía: " pienso que el desorden que promueve el pluralismo teórico coincide mejor con la experiencia analítica que los principios y usos dogmáticos de una buena teoría". (...) "La pluralidad de marcos referenciales, subsidiaria de la diversidad de sensibilidades, otorga desde entonces un estatuto diferente a la teoría en psicoanálisis y ese suspenso es saludable para explorar lo desconocido"

Cómo cerrar un Epílogo

"¿Cuál es el límite justo para pensar por uno mismo o para pensar por las imposiciones de una comunidad interpretativa, que impone, quiérase o no, sus códigos para pensar creando su propio horizonte?"

Es como lo siguiera haciendo también hoy, siempre le decía que nos quedaba por hacer un trabajo conjunto sobre las formas del dolor de vivir, recordar y elaborar. Porque Marcelo me hizo conocer un texto extraordinario de Dionys Mascolo, *Un effort de memoire,* su carta a Robert Antelme. Y nuestra escritura debía recorrerlo, junto con *La especie humana* de Robert Antelme (escrita vertiginosamente al volver de Dachau, de los campos de concentración) y *El dolor* de Marguerite Duras. No lo llegamos a hacer como libro, pero creo que todo el recorrido de nuestro lazo intelectual de pensamiento y afectivo, fue trazando esas articulaciones que siguen abiertas para los que siguen. Y que el vivir y acompañar(nos) en el fin de la partida, con las palabras y las letras, son de aquí y nosotros y que "**aún es ahora**".

E-mail: martalabraga@gmail.com

Marcelo

A Marcelo Viñar in memorian

Te recuerdo
Con tu andar cansino
Tus silencios elocuentes
Tu mirada de infinito
Escrutando el horizonte
Tus palabras puente
Tus palabras trama
Ucrania de tus ancestros judíos
Uruguay de tus pasiones
Latinoamérica de tus fervores
Tu mesa con un libro
un lápiz y un papel
dibujando la esperanza
de un futuro.

Hilda Catz, 2025

Se terminó de imprimir en Imprenta Dorrego Av. Dorrego 1102,
Buenos Aires, Rep. Argentina en el mes de octubre de 2025.
Ricardo Vergara Ediciones - edicionesvergara@gmail.com

Made in United States
Troutdale, OR
11/03/2026

56845238R00080